Rudolf Knauer

Die Geschichte des Voluntarismus

Verlag
der
Wissenschaften

Rudolf Knauer

Die Geschichte des Voluntarismus

ISBN/EAN: 9783957008435

Auflage: 1

Erscheinungsjahr: 2016

Erscheinungsort: Norderstedt, Deutschland

Hergestellt in Europa, USA, Kanada, Australien, Japan
Verlag der Wissenschaften in Hansebooks GmbH, Norderstedt

Verlag
der
Wissenschaften

Der Voluntarismus.

Ein Beitrag zu seiner Geschichte und Kritik mit besonderer
Berücksichtigung des 19. Jahrhunderts.

Dissertation

zur Erlangung der Doktorwürde

bei der philosophischen Fakultät

der Großherzoglich Hessischen Ludwigs-Universität

zu Gießen

eingereicht von

Rudolf Knauer

aus Berlin.

Berlin 1907.

Genehmigt durch das Prüfungskollegium
am 18. Dezember 1906.

Referent: Prof. Dr. Groos.

Meiner lieben Frau Olga gewidmet.

Gliederung.

„Ein ewiger Tag des Lebens sei die Philosophie:
man muß nicht Philosophie besitzen, sondern sein!"
J. G. Fichte.

I. Einleitende Gedanken.

Gar häufig hört man die Zersplitterung unseres Zeitalters beklagen. Unter dem Einfluß der Naturwissenschaft haben sich immer mehr Teilgebiete aus früher zusammenhängenden und einheitlichen Wissenschaften losgelöst. Mit großem Eifer werden unter Anwendung der naturwissenschaftlichen Methoden Tatsachen gesammelt, geprüft, verglichen, Ergebnisse festgestellt. Es macht sich auf fast allen wissenschaftlichen Arbeitsgebieten ein Fachgelehrtentum breit, dem über der emsigen Beschäftigung mit seinem Sonderfach der Sinn für das Ganze, das Bedürfnis nach einer zusammenfassenden Einheit allmählich verloren geht. Und gerade diese einheitliche Verknüpfung der einzelnen Wissenszweige hat von jeher als ein bedeutsames Kennzeichen philosophischen Denkens gegolten.

Abgesehen von jenem realistischen Geiste, der die Tatsachen am höchsten bewertet, ist ein Grundzug unserer Zeit eigentümlich, ein Leitgedanke, der zunächst nicht ohne Schuld an den Wirrnissen unserer Tage ist. Das ist das Bestreben, den Schwerpunkt des menschlichen Tuns und Lassens in die Willenskraft zu legen. Vielleicht hilft später einmal die Ausgestaltung dieses Gedankens das Auseinanderstrebende sammeln, die Teilgebiete zu einer höheren Einheit verbinden. In ihm und mit ihm tritt die Gegenwart das Erbe des 19. Jahrhunderts an. Sie empfängt damit die Aufgabe, den alten Gegensatz zwischen Intellektualismus und Voluntarismus durch zielbewußte Arbeit in praktisch = philosophischer Richtung zu überbrücken. Diesem Zeitgeist tritt fördernd das erfreulicherweise wieder erwachte allgemeine Interesse für philosophische Fragen zur Seite. Nachdem die „Königin der Wissenschaften" seit der Mitte des 19. Jahrhunderts allmählich immer mehr von ihrem hehren Throne gesunken war, ja als Reaktion gegen die Übersättigung mit spekulativ = philosophischen Fragen eine Teilnahmlosigkeit des gebildeten Bürgerpublikums gegenüber der Philosophie eingetreten war, die fast bis zur Verachtung philosophischer Probleme führte, macht sich gegenwärtig eine stetig wachsende Anteilnahme an philosophischen Erörterungen, hier und da auch schon eine gewisse Sehnsucht nach weitgreifender Lebens= und Weltanschauung bemerkbar.

II. Begriff und Arten des Voluntarismus.

Lange bevor der voluntaristische Grundgedanke allgemeiner Wurzel schlagen konnte, spielten der Wille und die Willenshand= lungen in den vielen Einzelwissenschaften, die man seit alters her unter dem Namen „Philosophie" zusammenfaßt, eine hervorragende Rolle. Die Metaphysik und Logik, die Ethik und Psychologie, die Erkenntnistheorie, Soziologie und Rechtsphilosophie haben sich von jeher eingehend mit dem Willensproblem beschäftigt. Es erscheint deshalb zunächst notwendig, einmal den Begriff des Wollens genauer zu untersuchen. Diese Erörterung wird sich fast ausschließlich auf den Sprachgebrauch erstrecken. An einer genauen wissenschaftlichen Erklärung der Begriffe „Wille" und „Wollen" haben die verschie= denen voluntaristischen Systeme noch bis heute vergeblich gearbeitet. Auch hat der Sprachgebrauch der Philosophie den sachlichen Aus= brücken oft eine Weite und Unbestimmtheit gegeben, die zur genauen Bezeichnung des wirklich Beobachteten nicht geeignet ist.

Der Begriff des Wollens kann in engerem und weiterem Sinne gefaßt werden. In letzterem Fall ist in ihm alles Hoffen, Sehnen, Wünschen, Verlangen, Fürchten u.ä. eingeschlossen. Pfänder[1]) bezeichnet dies Wollen mit dem Namen „Streben". Wir können seinen scharfsinnigen Unterscheidungen durchaus folgen. Dann sprechen wir von einem Wollen im engeren Sinne nur, wenn ein bestimmter Bewußtseinsinhalt mit Absicht gewollt wird. Nicht jeder Inhalt eines Strebens braucht zum Inhalt eines Wollens zu werden. Es kann jemand irgend eine Sinnesvorstellung z. B. die einer schönen Melodie haben und lebhaft an sie denken, ohne dabei auch gleich zu wünschen, sie noch einmal zu hören. Dies „Meinen eines Nichtgegenwärtigen, Denken an ein Nichtgegen= wärtiges"[2]) ist mit jedem Streben gegeben. Wenn aber zu der sinnlichen Vorstellung der Wille tritt, die Annehmlichkeit der gedachten Vorstellung noch einmal zu erleben, dann haben wir einen neuen, besonderen Bewußtseinsbestandteil, der von den Empfindungen und

---

[1]) Phänomenologie des Willens. S. 10.
[2])   „   „   „   S. 23.

Vorstellungen vollständig verschieden ist. Er kann als ein „Hin= drängen, Hinstreben, als „innere" Tendenz, „innere" Aktivität"[1]) bezeichnet werden.

Auch der Wunsch ist vom Wollen zu unterscheiden. Beim Wollen ist nicht nur das Bewußtsein vorhanden, daß das Ge= wollte möglich sei, sondern auch, daß der Wollende die Möglich= keit des Wirklichmachens besitze. Dagegen besteht beim eigentlichen Wünschen die Überzeugung, daß der Eintritt des Gewünschten weder unmittelbar noch mittelbar durch den Wünschenden selbst bewirkt werden könne. Daraus ergibt sich, daß sich das Wollen nur auf zukünftige Dinge erstreckt. Das Vergangene ist unserer Beeinflus= sung entzogen. Wohl aber können wir den Wunsch hegen, die Vergangenheit möchte anders sein, als sie ist; allein wir können sie nicht ändern wollen.

Das Wollen im eigentlichen Sinne schließt ferner ein, daß der Wollende bereit ist, die Bedingungen, von denen die Verwirk= lichung des Willensziels abhängt, zu erfüllen. Somit wird jedes echte Wollen zum „Tun=wollen". „Ein Tun ist nicht ein bloßes Erfahren eines Geschehens. Im Tun fühlt sich vielmehr das Ich als ein Geschehen bedingend"[2]).

Dem Wollen geht in der Regel eine Überlegung voraus, der dann die Entscheidung, der Entschluß, folgt. Etwas anderes ist es jedoch, wenn jemand von einer siegreichen Begierde hingerissen wird. „Überwiegen oder Siegen einer Begierde ist kein Willens= entscheid"[3]). Eine Entscheidung des Willens setzt ein kräftiges, siegreiches Streben auf der Seite voraus, auf der von vornherein das Ich durch freie Wahl stand. Beim Herrschen einer Begierde liegt kein reines Wollen vor, sondern es wird ein Streben Sieger, auf dessen Seite das Ich ursprünglich nicht stand. Im Hinblick auf die Stellungnahme des Ich läßt sich „mein Streben" von dem „Streben in mir"[4]) scharf unterscheiden. Jenes bezeichnet die ur= sprüngliche, freiwillige Teilnahme des Ich; dieses ist nur Ausdruck der Begierde in mir, die das Ich auf eine Seite zwingt, auf der es ursprünglich nicht stehen wollte. In „unserm" Streben fühlen wir die Freiheit eigener Entschließung und spontanen Wollens.

---

[1]) Pfänder, Phänomenologie des Wollens, S. 12.
[2]) „   „   „   „   „ 90.
[3]) „   „   „   „   „ 124.
[4]) „   „   „   „   „ 125.

Zu dem „Streben in uns" werden wir von anderer Seite, die unserm anfänglichen Wollen entgegen gerichtet ist, gedrängt.

Unsere natürlichen Begehrungen und Strebungen wollen uns in einen Zustand der Befriedigung und des Genusses versetzen. Ist das individuelle Gefühl des Wohlseins erreicht, dann ist der Wille aufgehoben. Dieses Wohlsein, diese Lust am Leben, ist der wirksame Inhalt aller unserer Willensrichtungen. Die Trennung des Gefühls vom Willen ist nahezu unmöglich. Auf der untersten Stufe der Entwicklung sind beide fest mit einander verbunden. Jedes Gefühl wird dort zum Willensantrieb, und jede Willens= erregung bewirkt ein Gefühl. Nur auf der höchsten Stufe des geistigen Lebens sind ästhetische Gefühle als reine Stimmungsge= fühle ohne Impuls denkbar, desgleichen auch in gewissem Sinne vernünftige Willensäußerungen ohne Gefühlserregung.

Die Erforschung des Willensproblems ist deshalb so schwierig, weil wir den Willensakt nicht unabhängig vom Willen zum Objekt der Beobachtung machen können. Alle Wissenschaft, alles Denken setzt die willkürliche Aufmerksamkeit voraus. In diesem Sinne ist unser Urteil abhängig von unserem Wollen. Nach der vom Positivismus (Mach, Avenarius) beeinflußten Psychologie stellt sich der Willensakt als ein Komplex bestimmter Empfindungen dar, der also zustande kommt: „Die letzten, auf einander nicht zurückführ= baren Bestandteile, in welche sich der Bewußtseinsinhalt zerlegen läßt, sind die Empfindungen. Ist aber die Empfindung das Ele= ment aller psychischen Phänomene, und ist andererseits der Wille, soweit er uns beschäftigt, nur Bewußtseinserscheinung, so ist doch der notwendige Schluß, daß auch der Wille nur ein Komplex von Empfindungen ist. Die Empfindungsverbindung, die wir Wille nennen, mag sich durch Kompliziertheit und Konsequenz vor anderen auszeichnen, aber die Bestandteile, welche die Analyse ergibt, bleiben doch als Empfindungen den Elementen der Vorstellung koordiniert"[1]). Wenn das wirklich der Fall wäre, dann wären unsere Vorstellungen zerstreuten, auseinander strebenden Gliedern gleich, die, ohne ein einigendes Band unfähig wären, besondere Gedankenverbindungen einzugehen. Da wir nun aber in der aktiven Apperzeption eine regulierende, sammelnde und verbindende Kraft besitzen, so stellt sich unser Denken in der Tat als ein nach innen gerichtetes Wollen dar.

[1]) H. Münsterberg, die Willenshandlung, S. 62.

In unserer Seele bilden die psychischen Vorgänge ein einheitliches Geschehen. Erst die psychologische Analyse unterscheidet Vorstellen, Fühlen und Wollen. Dadurch, daß wir dem Fühlen und Wollen denselben Wert beilegen wie dem Empfinden und Vorstellen, daß wir ferner die Gefühle im wesentlichen zu Bestandteilen der Willensvorgänge machen, daß wir endlich der Willenshandlung eine für unser ganzes Leben besonders wichtige Bedeutung zusprechen, scheiden wir uns scharf vom Intellektualismus und betreten den Boden des Voluntarismus. Er wird für uns eine Anschauung, die den Willen als das Bestimmende und Primäre der inneren Erfahrung zu Grunde legt.

Das Wort „Voluntarismus" ist von Tönnies geprägt. Dieser Gelehrte schreibt darüber in der „Wiener Zeit" vom 23. März 1901 folgendes: „Diese Termini, (d. h. Voluntarismus und voluntaristisch) sind zuerst vom Verfasser dieses Memoire in seiner Abhandlung gebraucht worden: „Zur Entwicklungsgeschichte Spinozas" (Vierteljahrsschrift für wiss. Philos. 1883)[1]. Paulsen übernahm sie, wie er persönlich bekannte, von Tönnies und machte sie durch seine weit verbreitete, rühmlich bekannte „Einleitung in die Philosophie" dem größeren Publikum zugänglich. Von Paulsen kamen sie zu Wundt, der sie durch seine umfassenden Veröffentlichungen in der wissenschaftlichen Welt populär machte[2].

Je nachdem man das Wollen in ontologischem Sinne oder als den alles beherrschenden Trieb oder als ein zum Guten anregendes Streben anerkennt, unterscheidet man auch drei Arten des Voluntarismus: den metaphysischen, psychologischen und ethischen.

Der metaphysische Voluntarismus ist eine philosophische Grundanschauung, ein Prinzip, auf dem sich die gesamte Philosophie erst aufbaut. Als Hauptvertreter desselben gilt Arthur Schopenhauer. Er bestimmt die innere Seite aller Wirklichkeit als Wille, der sich in der Körperwelt objektiviert. Seine Philosophie hat in ihrem beherrschenden Mittelpunkt den Satz: Was als Körperwelt uns entgegentritt, ist an sich der Wille. Dies Grundbogma seiner Philosophie ist die „großartige Eingebung seiner Jugend", die er konsequent bis in sein hohes Alter ausbaute. Alle seine Werke sind mehr oder minder Erläuterungen und Beweisführungen für

---

[1] R. Eucken, Geistige Strömungen der Gegenwart, S. 38.
[2] Es ist also Wundts Annahme, die Ausdrücke stammten von Paulsen, nicht richtig. (vergl. Phil. Studien, Bd. I.I, S. 52 Anm.)

die Nichtigkeit seiner Anschauung. Im Willen glaubte Schopen=
hauer das heiß ersehnte metaphysische Ziel alles Seins erreicht zu
haben. Auch das Wesen des Menschen erschließt sich ihm vom
Willen aus. In ihm erfaßt der Mensch konkret, unmittelbar „das
Wesen an sich seiner eigenen Erscheinung"[1]. Der Wille ist das
innere, wahre und unzerstörbare Wesen des Menschen oder „der
eigentliche Kern, das allein Metaphysische und daher Unzerstörbare
im Menschen"[2]. Nicht der Intellekt, sondern der Wille ist das
Radikale im Menschen, der Wille ist „metaphysisch, primär, der
Intellekt physisch, sekundär"[3].

Als eine psychologische Anschauung ist der Voluntarismus
keine Hypothese, sondern die Forderung, den Willensvorgängen
neben dem Intellekt und Gefühl nicht nur eine gleich berechtigte,
sondern bevorzugte Stellung einzuräumen. Auch für diese Art des
Voluntarismus haben wir einen hervorragenden Vertreter in Wundt.
Er betont ausdrücklich, das Wollen mache mit den ihm eng ver=
bundenen Gefühlen und Affekten einen ebenso unveränderlichen
Bestandteil der psychologischen Erfahrung aus wie die Empfindungen
und Vorstellungen. Nach Analogie der Willensvorgänge sollen alle
anderen psychischen Prozesse aufgefaßt werden. Sie sind ihm „ein
fortwährend wechselndes Geschehen in der Zeit, nicht aber eine
Summe beharrender Objekte, wie dies meist der Intellektualismus
annimmt"[4]. Die Willensvorgänge haben eine für die Auffassung
aller anderen psychischen Erscheinungen maßgebende vorbildliche
Bedeutung. Das Wollen durchdringt alle einzelnen seelischen
Vorgänge und Zustände und vermittelt ihren Zusammenhang. So
wird alle psychische Kausalität im Grunde zur Willenstätigkeit.
Über die Richtigkeit dieser psychologischen Theorie entscheidet allein die
Erfahrung. Dieser Voluntarismus stützt sich auf Tatsachen der
Bewußtseins=Zustände. Er vertieft die Zergliederung der Tatsachen.
Selbstbeobachtung ist sein Hauptfeld. Wundt bekennt, daß er
durch die experimentelle Methode ein Anhänger des psychologischen
Voluntarismus geworden sei.

In gewissem Gegensatz zu diesen beiden Arten steht der ethische,
der hier und dort auch praktischer Voluntarismus genannt wird.

---

[1] Vergl Schopenhauer, sämtliche Werke. Bd. I, S 196.
[2]   „   „   „   „   Bd. II, S. 132.
[3]   „   „   „   „   Bd. II, S. 233.
[4]   „   Wundt, Grundriß der Psychologie S. 17.

Er sieht in der Stärkung des Willens zum sittlichen Handeln sein Wesen. Das gesamte persönliche Wirken und Leben will er durchbringen und von ihm aus zum Ganzen einer einheitlichen Weltauffassung gelangen. Also weder philosophische Hypothese, noch psychologisches Prinzip, sondern ein aufwärts tragendes, schöpferisches Handeln will der ethische Voluntarismus sein. Nur er unternimmt es, die Wirklichkeit selbständig zu gestalten und auf eigene Weise durchzubilden. Nur er drückt den Jahrhunderte alten Gegensatz zwischen Intellektualismus und Voluntarismus am schärfsten aus. Darum bildet auch nicht ein einzelner hervorragender Vertreter, sondern eine große Anzahl bedeutender Philosophen aus alter und neuer Zeit seine Gefolgschaft. Denn nur der ethische Voluntarismus versucht es, das Leben mit Tat zu füllen und den reinen Intellektualismus von Grund auf zu überwinden.

III. Geschichtliche Entwicklung des Voluntarismus.

Theoretisch und praktisch führt der Gegensatz zwischen Intellektu=
alismus und Voluntarismus bis in die Blütezeit der griechischen
Philosophie zurück. Wenn auch die Begriffe späteren Jahrhunderten
entstammen, so stehen doch die Dinge, die sie bezeichnen, im Wider=
streit, so lange es philosophisches Denken im Menschenleben gibt.
Bei den griechischen Denkern erscheint dieser Gegensatz als ein
solcher zwischen theoretischer und praktischer Vernunft. So unterscheidet
z. B. Aristoteles zwischen τοῖς θεωρητικός und τοῖς πρακτικός.
Jener hat die Bestimmung, die Welt und alles Sein in ihr zu
erkennen, die praktische Vernunft setzt sich zum Zweck, dem Wandel
und Wechsel der menschlichen Dinge nachzusinnen. Die Frage, ob
der Welterkenntnis oder dem sittlichen Handeln die Führung unseres
Lebens und die Herrschaft über unsere Überzeugungen gebühre,
spiegelt sich hierin wieder. Je nach dem Standpunkt, den diese
Denker einnehmen, sehen wir zwei feindliche Lebensmächte mit
einander kämpfen; die eine ringt nach Weite und Klarheit, die
andere erstrebt Kraft und Wärme; die eine fordert Form und
Gesetzmäßigkeit, die andere kämpft um Betätigung und Freiheit.
Dieser Gegensatz ist hier aber nur ein theoretischer; denn die
gesamte griechische Philosophie steht vorwiegend unter dem Zeichen
des Intellektualismus, und auch die Frage der Willensfreiheit
hatte nur psychologisches Interesse; denn sie war noch nicht durch
den Begriff der Verantwortlichkeit zu jenem bedeutsamen Problem
geworden, wie wir es heute kennen. In den ersten Anfängen
(bei Sokrates) trägt die psychologische Erklärung des Willens=
problems das Gepräge des Determinismus. Alles Wollen richtet
sich nach dem Verstande. Dieser stellt das Begehrenswerte der
Seele vor, und der Wille sucht, es zu erreichen. Tugend und
Wissen sind bei Sokrates noch eins (ἀρετή = ἐπιστήμη); aber
der Glaube an die Macht des Wissens wurzelte bei ihm in dem
Bedürfnis seines starken Willens. Sein Wille war immer auf ein
Gut gerichtet. Dennoch meinte er, durch Wissen erlange der

Mensch die wahre Freiheit. Auch bei Platon tritt das Wollen hinter dem Vorstellen zurück; doch lösen sich bei ihm schon Vorstellungs= und Begehrungsvermögen deutlicher von einander ab. Um die psychischen Vorgänge bei der Willensentscheidung anschaulich zu machen, bedient er sich des Bildes der Wage. Wie das Zünglein sich dort einstellt, so fällt unsere Wahl, die den stärkeren Lust= oder Unlustmotiven folgt. Er unterscheidet das $\vartheta\upsilon\mu\eta\tau\iota\varkappa\acute{o}\nu$ vom $\nu o\eta\tau\iota\varkappa\acute{o}\nu$. Bei Aristoteles finden wir ausschließlich den Intellektualismus maßgebend. Das Denken gewinnt in seiner Philosophie die zentrale Stellung im Seelenleben[1]). Nach ihm müssen sich alle übrigen Kräfte und Triebe richten. Fast ebenso klingt es durch die Lehren der Stoa und des Neuplatonismus. Gerade in letzterem erwacht des Aristoteles Ansicht vom Primat des Verstandes aufs neue. Der Wille wird zum Diener des Denkens gemacht.[2]) Erst durch das Aufkommen des Christentums sollte der Intellektualismus an der Wurzel gebrochen werden. Denn die neue Lehre wandte sich vor allem an die Erneuerung des Sinnes, der gesamten Willensrichtung. Sie stellte der natürlichen Ordnung und Entwicklung der Dinge die göttliche Allmacht und Weisheit gegenüber. Eine besondere wissenschaftliche Ausgestaltung dieser Gedankenwelt fand zunächst nur in der Richtung des gleichfalls intellektualistischen Logosbegriffs statt. Daß es in der ersten Zeit zu einer klaren Lösung der Willensfrage nicht kam, lag wohl am Kampf des Christentums mit dem Heidentum und an dem Bestreben, das Christentum erst äußerlich in den Völkern zu befestigen. Aber mit dem Bewußtsein von der Verletzung eines göttlichen Gebotes entstand auch das Bewußtsein der Sünde. Und nun wurde die Willensfreiheit ein Gegenstand des wissenschaftlichen Nachdenkens. Die christliche Philosophie der ersten Jahrhunderte behauptete die Freiheit des menschlichen Willens als eine Forderung des Glaubens. Sie wurde sich des Zwiespalts, in dem das christliche Denken mit dem Postulat der Freiheit des Individuums und dem allmächtigen Willen der Gottheit, deren Werk doch auch die Entscheidung des Einzelwillens ist, gar nicht bewußt. Bemerkenswerte Ansätze zur Lösung dieses Problems erscheinen im fünften Jahrhundert bei

---

[1]) Zwar beschäftigt er sich auch mit dem Willen. Er erkennt seinen Einfluß auf den Verlauf der Vorstellungen an, wenn er $\varphi\alpha\nu\tau\alpha\sigma\acute{\iota}\alpha$ $\alpha\acute{\iota}\sigma\vartheta\eta\tau\iota\varkappa\acute{\eta}$ und $\varphi\alpha\nu\tau\alpha\sigma\acute{\iota}\alpha$ $\beta o\upsilon\lambda\varepsilon\upsilon\tau\iota\varkappa\acute{\eta}$, sondert.

[2]) Näheres s. Plotin, Enn. VI. 8, 6.

Augustinus. Er sah alle Wirklichkeit im Wollen. Sein Leben selbst war der sprechendste Beweis für die Richtigkeit seiner Annahme. Das Grundprinzip seiner Philosophie ist die Selbstgewißheit der inneren Erfahrung. Er fordert uns auf, in uns selbst zu schauen; denn in unserem Inneren wohne die Wahrheit. Der Kern des menschlichen Wesens liegt für ihn im Willen. „Nihil aliud quam voluntates"[1]), mit diesen Worten gibt er in seiner Psychologie dem Willen als der die Seele beherrschenden und ihr eigenen Kraft den unbestreitbaren Vorrang. Es ist der Wille, den er selbst in seinen inneren leidenschaftlichen Kämpfen gespürt hatte. Am Problem der Sünde und des Bösen überhaupt bildete sich Augustins Ansicht. „Unde malum?", so steigt auch vor seinem forschenden Geist die große Frage auf, die mit mehr oder minder lebendigem Eifer die Philosophie aller christlichen Zeiten beschäftigt hat, die Frage nämlich, ob uns äußere verborgene Mächte zur Willens= entscheidung drängen, oder ob wir in uns selber den ständigen Urheber der Sünde besitzen. Augustin kommt das große Verdienst zu, dies gewaltige Willensproblem zum ersten Mal in seiner vollen Stärke erfaßt zu haben. „Durch ihn ist die Philosophie zum Bewußtsein unseres Problems erwacht"[2]). Er schrak vor den Konsequenzen der Manichäer=Lehre zurück, die Gott selbst zum Urheber der Sünde machte. Seinem Sinnen ward es bald klar, daß nur der freie menschliche Wille der Erzeuger des Bösen ist. Unter dem kräftigen Einfluß des Neuplatonismus begründete er seinen Indeterminismus wissenschaftlich. Dem Zwiespalt zwischen Gottes Allmacht und Allwissenheit einerseits und der natürlichen menschlichen Willensfreiheit andererseits entging er durch die Behauptung, daß Gottes Sein nicht bestimmend über dem Menschen= willen walte, sondern sich zu ihm wie das Gedächtnis zu längst verflossenem Geschehen verhalte. So wenig die Gründe für ver= gangene Zustände im Gedächtnis liegen, so wenig bestimme Gottes Allwissenheit die Handlungen des menschlichen Willens. Auch bestritt er, daß der Wille bei gleich starken Anregungen gezwungen sei, sich nach einer bestimmten Richtung zu entscheiden. Der Wille behaupte vielmehr die vollkommene Herrschaft über die anderen psychischen Tätigkeiten. Er ist von solchen durchaus unabhängig und besitzt also den Primat der Seele. Augustin beweist in seiner

---

[1]) De trinitate XI, 6.
[2]) Schopenhauer, sämtliche Werke, Bd. VI, S. 65.

erkenntnistheoretischen Schrift, den 15 Büchern „de trinitate", ganz nachdrücklich, daß die Verstandestätigkeit unmittelbar vom Willen abhängig sei. Er führt des näheren aus, wie in jede Vorstellung Willensäußerungen einfließen So sagt er z. B., daß beim Zustandekommen jeder Sinneswahrnehmung der Wille eine ausschlaggebende Rolle spiele. Denn er richtet das Organ auf das betreffende Objekt und hält es nach seinem Belieben an ihm fest. Aus den uns beständig treffenden zahllosen Reizen werden nur diejenigen aus dem Unbewußten ins Bewußte erhoben, auf die unsere willkürliche Aufmerksamkeit fällt. Auch den Einfluß des Willens im Gebiet des inneren Sinnes deckt er auf, indem er darstellt, wie die Tätigkeit der Phantasie Ausfluß der Willensregungen sei. Ebenso führt schon Augustin die allgemein bekannten Sinnestäuschungen auf den Willen des urteilenden Subjekts zurück. Ferner offenbart sich der Einfluß des Willens in jedem Denkfortschritt, der über den gegenwärtigen Wissensstandpunkt hinauszukommen strebt. Jeder Erkenntnis geht der Wille vorher, wie er es in folgender Stelle ausführt: „Partum ergo mentis antecedit appetitus quidam, quo id quod nosse volumus quaerendo et inveniendo, nascitur proles ipsa notitia: ac per hoc appetitus ille quo concipitur pariturque notitia, partus et proles recte dici non potest; idemque appetitus quo inhiatur rei cognoscendae, fit amor cognitae, dum tenet atque amplectitur placitam prolem..."[1]. So wird für Augustin das Denken zu einem Denkenwollen; denn es bewegt sich in der Richtung der gewollten Erkenntnis. Mit Erstaunen bemerken wir in den Ausführungen dieses berühmten christlichen Philosophen fruchtbringende Gedanken, die erst die Philosophie unserer Tage ins rechte Licht gerückt hat.

Trotz dieser eindringlichen Lehre Augustins beherrschte der griechische Intellektualismus das christliche Dogma. Eine kräftige Gegenwirkung fand einige Jahrhunderte später bei Scotus Eriugena[2] und einigen Mystikern statt. Eriugena verlegte die Herrschaft des Willens in Gott und meinte, der göttliche Wille könne auch gegen die Gesetze der Natur wirken. Alle Dinge seien Erscheinungen des göttlichen Willens; unser Leben sei Gottes Selbstoffenbarung in uns; es gebe nichts außer ihm; das Böse

[1] De trinitate IX, 12, 18.
[2] Nach Vorländer, Geschichte der neueren Philosophie, rechtfertigen neuere Handschriften diese Schreibweise als die bessere

fließe aus der verkehrten Richtung des menschlichen Willens, der
frei sei. Der Mystiker Hugo von St. Victor behauptete, die
Willensfreiheit sei durch ein Zusammenwirken von Wille und Verstand
bedingt. Wenn auch der Verstand dem Willen die Richtung anweise,
so brauche sich doch der Wille keineswegs an das gebunden zu
halten, was ihm der Verstand sage. Der Wille habe trotzdem
Herrscherstellung auch dem Verstand gegenüber. Er könne die
Ratschläge des Intellekts annehmen oder verwerfen. Auch Avice-
bron, eigentlich Salomon Ibn Gebirol, tritt vollständig seiner
Meinung bei. Er macht den Willen zum herrschenden Faktor im
Seelenleben, wie sein Hauptwerk „die Quelle des Lebens" zeigt.
Er sieht den Willen als Mittelwesen zwischen Gott und Menschen
an. Der Wille Gottes hat die Welt geschaffen und erhält sie.
Er zittert in seinen Geschöpfen, besonders im Menschen, nach.

Der Gegensatz zwischen Intellektualismus und Voluntarismus
kam auch in den wissenschaftlichen Kämpfen der Dominikaner und
Franziskaner im XIII. Jahrhundert zur Erscheinung. Das eifrige
Studium Augustins hatte die Franziskaner zu einer stärkeren
Betonung des Willens gebracht. Die Dominikaner dagegen pflegten
emsig die aristotelische Philosophie und stellten sie als kirchlich
maßgebend hin. In ihren heftigen Disputationen taucht immer
wieder die Frage auf: „Utra potentia nobilior, voluntas an
intellectus?"

Daß sich auch in der Scholastik diese Gegensätze zwischen
Verstandes- und Willensbevorzugung kundgaben, beweisen verschiedene Beispiele. Während Albertus Magnus in dem Willen
das von der Vernunft geleitete Begehren erkennt, ihn also von
Verstandesfunktionen abhängig macht, lehrt Wilhelm von
Auvergne eine „potestas imperativa et executiva" im Unterschied
zur „potestas intellectiva". Jene soll ihren Sitz im Willen haben,
diese wurzelt im Verstande; beide sind nicht nebengeordnet, sondern
der Wille herrscht über den Verstand. Der Intellekt dient dem
souveränen Willen nur als Berater. Thomas von Aquino
dagegen bewies mit einem großen Aufwand von Scharfsinn den
Primat des Intellektes. Ihm trat Heinrich von Gent durch seine
wissenschaftliche Begründung der beherrschenden Stellung aller
Willenstätigkeit entgegen. Die gesamte Äußerung des Willens
schien ihm der des Verstandes überlegen zu sein. Mit den Worten
des Apostels Paulus (1. Cor. 13) steht die Liebe ihm über der

Weisheit. Das gesamte Triebwerk des psychischen Organismus wird vom Willen bewegt. Das Gute überhaupt ist Gegenstand des Wollens. Der Verstand richtet sich nur auf eins der verschiedenen Güter. Mithin stellt sich bei ihm der Wille in einer berechtigten Vormachtstellung dar. Auch Meister Eckhart hat die bedeutsame Streitfrage über die Präponderanz des Willens wiederholt in seinen Werken gestreift. Ganz hervorragend wichtig ist in der Geschichte des Voluntarismus die Persönlichkeit des Duns Scotus. Zwar ist sein wissenschaftliches System nur ein Bruchstück geblieben; dennoch ist er den größten Denkern aller Zeiten ebenbürtig an die Seite zu stellen. Jetzt gelingt es der abendländischen Philosophie, sich von der überragenden Herrschaft des Intellektualismus zu lösen. Duns Scotus' gesamte Lehre ist ein Nachweis der Vorherrschaft des Willens. Mit aller Entschiedenheit verficht er den Satz: „Voluntas est superior intellectu". Er sieht im Willen die Grundkraft der Seele. Das erste Denken äußert sich nur verworren und unbestimmt. Erst der Einfluß des stärker werdenden Willens richtet die Aufmerksamkeit und vermehrt ihre Intensität. Läßt er nach, so werden die Vorstellungen schwach und verschwinden schließlich. Sie sind überhaupt nur gelegentliche Ursache und stets Diener des Willens. In allen Handlungen liegt die Entscheidung bei ihm. Überaus scharfsinnig unterscheidet er das Wollen vom Wünschen und Nichtwollen. Stets geht er von den Tatsachen aus und weist den engen Zusammenhang mit den Trieben nach. Der Wille ist nach seiner Meinung die Kraft, sich frei über die Triebe erheben zu können. Daraus ergibt sich die Betonung des praktischen Handelns gegenüber der theoretischen Spekulation. Sein Indeterminismus behandelt das Problem der Willensfreiheit psychologisch. Ihm ist es eine Grundeigenschaft des Willens, sich gegen ein und dasselbe Objekt bald zustimmend, bald ablehnend verhalten zu können. Den Gegenstand aber, der als Objekt des Verstandes auf den Willen wirkt, nennt er ein „agens naturale". Ein solches kann sich aber immer nur nach einer Richtung entfalten. Es gelangt niemals zu den entgegengesetzten Wirkungen, wie Wollen und Nichtwollen es sind. Also kann das Verstandesobjekt nicht die Ursache des Wollens sein. Wenn er auch zugibt, daß ohne Erkenntnis kein Wollen möglich ist, so bleibt doch die Ursache der eigentlichen Willenshandlung im Willen selbst beschlossen. Er beweist den Primat des Willens

außerdem noch, indem er hervorhebt, daß das Wahre dem Guten
untergeordnet werden müsse. Denn das Gute teilt dem, der es
will, etwas von seinem Wesen mit, das Wahre aber nicht. Mithin,
meint er, stehe das Gute über dem Wahren, also auch der Wille
über dem Verstande. Dagegen könnte mit Recht eingewandt werden,
daß auch das Wahre auf den, der es erstrebt, einen Teil seines
Wesens übertrage. Scotus lehrt ferner, daß die im gleichen Sinne
wirkende Ursache wertvoller sei als ihre Wirkung. Nun wurzelt
aber die ernste Verstandestätigkeit im Wollen, daraus ergibt sich
für ihn die bevorrechtigte Stellung des Willens von selbst. In
den Ausführungen des Duns Scotus erkennen wir deutlich die
mächtige Wirkung des Kirchenvaters Augustin. Die Selbständigkeit
des Willens ist bei Scotus so groß, daß selbst die göttliche Gnade
ihm nur beistehen, ihn nicht zwingen kann. Auch die Gefühle der
Lust und Unlust, so lehrt er, seien nur Begleiter des Willens.
Ja, es steht ihm fest, daß der Wille außerhalb des mechanischen
Zusammenhanges der Vorstellungen steht. Denn wäre er von
diesem abhängig, so wäre es auch mit der Freiheit und Verant=
wortlichkeit des Menschen zu Ende. Wenn er des weiteren ausführlich
nachweist, wie diejenigen Vorstellungen, von denen sich der Wille
abkehrt, eine so große Schwächung ihres seelischen Seins erfahren,
daß sie in die Dunkelheit des Unbewußten zurückgehen, so hören
wir damit Tatsachen aussprechen, die jeder an sich selbst täglich
beobachten kann. Nach seiner Lehre ist Gottes Wille die Urtatsache.
Wenn nicht Gottes Wesen Wille wäre, so wäre auch seine Allmacht
nicht unbeschränkt. Sein freier Wille hat diese Welt geschaffen.
Die Gedankengänge dieses großen Philosophen antizipieren die
Schopenhauers und Wundts in mehrfacher Beziehung. Wir sind
erstaunt über die Fülle kongenialer Gedanken dieses zu seiner Zeit
nicht genügend gewürdigten Forschers.

Fast alle Scholastiker haben irgendwie Stellung zum Volunta=
rismus genommen. Wesentlich neue Gedanken haben sie jedoch
nicht zu Tage gefördert. Es mögen in der historischen Reihe noch
drei kurz Erwähnung finden. Wilhelm von Occam legt die
Freiheit des menschlichen Willens im Sinne des Indifferentismus
aus. Nach seiner Meinung ist es dem Willen einerlei, wofür er
sich entscheidet. Ferner beschäftigte sich Johann Buridan mit
unserem Problem. Er unterscheidet mit psychologischer Feinheit
das Wollen vom sinnlichen und intellektuellen Begehren. Seine

Lehre gipfelt in der Behauptung der Willensfreiheit, die uns nur gegeben ist, um die wahre ethische Freiheit zu erlangen. Noch energischer hebt Pierre D'Ailly den Primat des Willens hervor, gibt aber eine Mithilfe des Intellekts bei entscheidenden Entschlüssen zu[1]).

Die Reformation brachte dem Voluntarismus durch die Macht ihrer Wirkung große Unterstützung. Luther, der Persönlichkeit nach ein Voluntarist par excellence, ist mit leidenschaftlichem Eifer bemüht, das Christentum von der Macht des griechischen Intellektualismus zu befreien. Melanchthon erkennt gleichfalls die ragende Macht des Willens an. Das Herz mit seinen Affekten nennt er den wichtigsten und den Hauptteil des Menschen. Sebastian Franck, ein Zeitgenosse der Reformatoren, lehrte, daß Gott, der allein Gute, in allen Dingen als ihr eigentliches Wesen lebe. Im Menschen offenbart er sich als Wille. Jeder hat die Freiheit, sich dem Wirken Gottes hinzugeben oder nicht. Ähnliche Gedanken finden wir bei Jacob Böhme in seiner Schrift „Morgenröte im Aufgang" ausgesprochen. Er stellt den Willen als das Absolute, als die ewige Einheit hin. Gott ist alles. Gottes Wirken zeigt sich erst recht auf dem Grunde eines negativen Prinzips. Die Kraft, die im Weltall waltet, wirkt auch in uns. Die alte Frage: Woher das Böse? beschäftigt auch ihn. Seine Antwort ist, der Mensch bewirke es, indem seine Seele sich freiwillig dafür entscheide; denn der freie Wille sei des Menschen Eigentum. Nun will ihn die Finsternis haben wie das Licht, und so kann ein Engel oder ein Teufel aus ihm werden. Der erste Wille vor aller Zeit ist Gott. In ewiger Selbstschöpfung erzeugt er einen „faßlichen Willen" (den Sohn) durch den heiligen Geist. Seine weiteren Ausführungen liegen mehr oder minder in der Richtung des ethischen Voluntarismus. Der Niederländer van Helmont, der ältere, lehrt u. a. folgendes: Die erste und höchste Kraft im Menschen ist der Wille. Er ist die Grundursache aller Bewegung; denn durch die Kraft des göttlichen Schöpferwillens wurde alles gemacht. Dieser Wille ist Eigentum aller geistigen Wesen. Van Helmont sieht die im Menschen unaufhörlich wirkende Kraft als eine gewaltige Macht an, die sich durch ein heftiges Verlangen äußert. Doch meint er,

---

[1]) Die Einheit des Lebenswillens mit dem Sein und Wesen aller Dinge klingt auch bei Spinoza durch, wenn er mit charakteristischer Kürze sagt: „Das Streben, wodurch jedes Ding in seinem Sein zu verharren strebt, ist nichts anderes als das wirkliche Wesen des Dinges" (Ethik III, 6).

sie käme nicht vom Himmel, auch nicht aus der Hölle, sondern der Mensch erzeuge sie selbst. In ihm ruht sie geheimnisvoll geborgen wie ein Funke im Feuerstein. Die Kraft des Willens verbindet Körper und Geist und treibt den Menschen dahin, wohin sie will.

Zu dieser Zeit hatte die deutsche Philosophie ihren Hauptvertreter in Leibniz. Sein universaler Geist trat naturgemäß dem voluntaristischen Gedanken näher. Nach seiner Lehre sind die beiden Grundeigenschaften des seelischen Seins: Vorstellen und Streben. Anfänglich stellte er der materiellen die geistige Welt gegenüber. Später führte er aus[1]), daß er sich durch eingehendes Nachdenken zu der Überzeugung durchgerungen habe, die Prinzipien wahrer Einheit seien nicht im Stoff allein zu finden. Deshalb sei er zu der Annahme ursprünglicher Kräfte gekommen, und er spreche den Satz aus: Es gibt keine Substanz ohne Kraftäußerung. Nach seiner Meinung ist alle Materie mit Kraft erfüllt. Da nur Einzelwesen tätig sein können, so kommt er zu seiner höchst bedeutsamen Monadenlehre. Damit löste er sich von Descartes los und lehrte eine ideale Auffassung der Welt und ihrer Erscheinungen. Weil in dem Kraftbegriff Leibnizens die Absicht auf bestimmte Betätigung liegt, stimmt er mit dem unbewußten Willen überein. Ja, er postuliert sogar zweckmäßige Tätigkeit als das wahre Sein der Dinge. Das Begehren der Monaden bildet den Grundzug ihrer Veränderung. Aus diesem Gedanken leitet er auch seine Ethik ab. Ihr Ziel ist die dauernde Glückseligkeit des Menschen, die er durch Streben nach Vollkommenheit erreichen wird. Die Glückseligkeit besteht in der Kraft zu wirken. Als Krone dieser Gedankengänge stellt Leibniz das so bedeutende Gesetz von der „Erhaltung der Kraft" auf. — Noch in einem anderem Sinne gewährt Leibniz dem Willensprinzip Eingang in den Zusammenhang der Welt und durchbricht damit die rein intellektualistische Metaphysik des Rationalismus. Neben dem Verstande Gottes betont er energisch den Willen Gottes und seine schöpferische Funktion. Der Verstand Gottes ist nur die Quelle der ewigen, notwendigen oder wesentlichen Wahrheiten, d.h. derjenigen, deren Gegenteil einen Widerspruch enthielte und deshalb undenkbar wäre. So rational ist aber die Wirklichkeit noch nicht erklärt; es bleibt das Tatsächliche und Zufällige, dessen Nichtsein denkbar ist, und das nicht auf

[1]) „Neues System der Natur" im „Journal des Savants" von 1695.

ewigen Vernunftwahrheiten beruht. Diese Tatsachen sind nur auf eine Wahl unter zahllosen Möglichkeiten zurückzuführen und wurzeln daher im Willen der Gottheit. Und zwar ist dieser Wille, ganz wie der menschliche, durch das Prinzip des Besten bestimmt gewesen. Nur aus diesem Wahlprinzip heraus sind die zufälligen Wahrheiten verständlich; ja es kommt ihnen auf Grund dessen eine hypothetische oder folgeweise Notwendigkeit zu, nur nicht die unbedingte der rein rationalen ewigen Wahrheiten. Ist Leibniz auch in seiner Auffassung der göttlichen wie der menschlichen Freiheit strenger Determinist geblieben, so hat doch seine teleologische Weltauffassung die rein mathematisch=mechanische Metaphysik in der Richtung durch= brochen, in der später Kants Freiheitslehre fortarbeitete.

Einer seiner Zeitgenossen in England, der berühmte Locke, kam durch seinen Kampf für persönliche, wirtschaftliche, politische und religiöse Freiheit zu der inneren Überzeugung, daß die Freiheit des menschlichen Willens die Quelle aller Tugenden sei. Nach seiner Auffassung besitzt der Mensch das ursprüngliche Vermögen, nach seiner Wahl Handlungen zu begehen oder zu unterlassen. Die Unlust mit dem gegenwärtigen Zustand der Dinge regt unsere Handlungen äußerlich an und führt sie allmählich zum Entschlusse. Tief in unserer Seele ruht ein mächtiger Drang nach Lebensglück, der zur gewaltigsten Triebfeder unseres Tuns sich ausreift. Das wahre Glück jedoch hat Gott mit der Tugend verbunden.

Diesen echt Lockeschen Gedanken griffen spätere englische Phi= losophen auf und gestalteten ihn in einer umfassenden Moralphilo= sophie aus. Während verschiedene von ihnen die Freiheit des menschlichen Willens aussprechen, weisen doch einzelne auf seine Determinierung durch das Gewebe der Triebe hin. Ihr Haupt= vertreter Shaftesbury behandelt besonders den Willen in bezug auf die Handlungen der Menschen. Als Grundlage der Sittlichkeit sieht er die Triebe an, vorzüglich die egoistischen und sozialen. Der Mensch besitzt in seinem Willen die Fähigkeit, diese Triebe, die Shaftesbury auch Affekte nennt, zu lenken. Er kann die un= natürlichen völlig unterdrücken, die sozialen und egoistischen steigern oder mildern, bis sie in genügender Stärke ihm das ethische Handeln nach Möglichkeit erleichtern. „Alles, was aus unangemessenen Trieben geschieht, ist boshaft, schlecht und unrecht"[1]. Die Natur

---

[1] Untersuchung über die Tugend, S. 18.

der Tugend ergibt sich aus der richtigen Veranlagung der Triebe. Ein Geschöpf verdient nur dann die Bezeichnung gut, „wenn die Stimmung von Seele und Gemüt zweckentsprechend und mit dem Wohle von seinesgleichen oder dem des Systems, in welches es eingeschlossen ist, übereinstimmt"[1]). Wendet sich der starke Wille zum Guten, dann erreicht der Mensch das Glück des Lebens. Denn dies hängt von seinen natürlichen und guten Neigungen ab. „Wenn das höchste Glück aus den geistigen Freuden stammt, wenn die größten geistigen Freuden sich auf natürliche Neigungen gründen, so folgt: wer die natürliche Neigung besitzt, der besitzt damit das wichtigste und stärkste Mittel zum Selbstgenuß, dem größten Besitztum und Glück des Lebens"[2]). „Was dazu dient, die Tugend zu vervollkommnen, Lauterkeit und richtige Neigungen zu befestigen, fördert das eigene Interesse und führt zum größten und sichersten Glück und Genuß"[3]). Seine Gedanken wirkten insonderheit auf Hutcheson ein. Er weist der Vernunft bei der sittlichen Betätigung des Menschen nur eine helfende Rolle zu. Zum Tun werden wir niemals durch bloßes Wissen, sondern nur durch unsere Triebe und Neigungen veranlaßt. Dieselben Gedanken vertritt in noch ausgesprochenerer Weise Butler. Beide beeinflußten die Gedankenwelt Humes stark. Nach Humes Überzeugung ist die Vernunft ebenfalls nicht das Maßgebende, sondern die Dienerin des Willens. Die abstrakte Vernunft ist an sich unfruchtbar. Ob wir etwas auch noch so sehr als richtig und gut eingesehen haben, so werden wir nur dann danach handeln, wenn unser Wille davon ergriffen wird. Adam Smith bringt die englische Moralphilosophie zum Abschluß. Er erblickt in der Sympathie das Vermögen, wodurch Tugend erkannt und gebilligt, als auch das, was als Tugend gebilligt wird. In der Kraft, die selbstsüchtigen Neigungen zu zügeln und die wohlwollenden zu stärken, ruht das Geheimnis eines glücklichen Lebens. Zum Handeln ist der Mensch bestimmt. Und Smith fordert von jedem, sein Tun und Lassen so anzuschauen, als ob ein dritter, unparteiischer Zuschauer es sehen würde. Somit erkennen wir auch bei ihm, daß der Weg zum Glück mit dem Weg zur Tugend zusammenfällt.

Bei aller Anerkennung und Stärkung des Willens hat der

---

[1]) Untersuchung über die Tugend. S. 49.
[2]) Desgleichen   S. 82.
[3])   „   S. 115.

Protestantismus doch in den ersten Jahrhunderten nicht die Kraft gehabt, den innersten Lebenstrieb des Menschen zu einem wissen= schaftlichen System auszubilden. Erst im 19. Jahrhundert blieb es protestantischen Philosophen vorbehalten, den Voluntarismus zu jener Bedeutung emporzuheben, die ihm im Geistesleben der Menschen gebührt. Die beherrschende Stellung, die dem Voluntarismus im 19 Jahrhundert zugesprochen werden muß, hätte er nie erringen können, wenn nicht der Gedanke, den Willen zum obersten Prinzip zu machen, vom Mittelalter bis zum Ende des 18. Jahrhunderts bald weniger, bald mehr die Philosophen beschäftigt hätte. Ganz besonders hat der voluntaristische Gedanke aber die deutsche Phi= losophie des 18. Jahrhunderts in Bewegung gesetzt. In dieser Zeit liegen die mächtigen Wurzeln des Baumes, der sich im 19. Jahrhundert so kraftvoll entwickeln sollte. In folgendem mögen die bedeutsamsten Äußerungen des Voluntarismus aus dem 18. Jahrhundert festgehalten werden.

Im Gegensatz zum Intellektualismus Wolffs betonte in Deutsch= land der Philosoph Christoph August Crusius die eigenartige Bedeutung des Willens und der Willenshandlung. Das Werk, in dem er die Summe seiner Lehre zieht, führt den Titel: „Entwurf der notwendigen Vernunftwahrheiten, wiefern sie den zufälligen ent= gegengesetzt werden". Zwar setzt jede Tätigkeit des Willens den Verstand schon voraus; dennoch kann der Zustand des Verstandes durch den Willen verbessert oder verschlimmert werden[1]. Crusius legt dem Willen des Menschen besondere, vom Verstand verschiedene Grund= kräfte bei. Scharf hebt er gegenüber dem Verstand die herrschende Stellung des Willens hervor. Um seinetwillen sind die anderen Kräfte als Mittel da. Sie sind ihm unterworfen und erhalten von ihm Richtung und Anwendung. Die Gedanken haben ihrer Natur nach keinen anderen Nutzen, als daß sie „causae exemplares" und Beweggründe für gewisse Handlungen des Willens sind. „Der Verstand ist also des Willens wegen da"[2]. Durch die Anstrengung, die mittels des Willens geschieht, werden die meisten Erfahrungen gewonnen. Der Wille endlicher Geister ist ein Vermögen, eine Bewegung ihrer Substanz anzufangen und dadurch gegen andere

---

[1] Entwurf der notwendigen Vernunftwahrheiten .. §§ 445 u. 446.
[2] „ „ „ „ § 454.

Dinge zu wirken[1]). An anderer Stelle wird der Wille als die Kraft des Geistes bezeichnet, nach Ideen zu handeln[2]).

Vollkommen von der englischen Moral-Philosophie beeinflußt, hat Friedrich Heinrich Jacobi, der sonst als Gefühlsphilosoph sich einen Namen errungen hat, voluntaristische Anwandlungen gezeigt, die es berechtigt erscheinen lassen, ihn hier aufzuführen. Er hat die große Versöhnung zwischen der Philosophie und dem Gemütsleben, dem eigentlichen menschlichen Leben, stiften wollen. Das war besonders verdienstlich in einer Zeit, in der man alles aus abstrakten Begriffen konstruieren wollte. Mit folgenden Worten begründet er den Vorrang des Willens vor dem Intellekt: „Der Verstand des Menschen hat sein Leben, sein Licht nicht in ihm selbst, und der Wille entwickelt sich nicht durch ihn. Im Gegenteil entwickelt sich der Verstand des Menschen durch seinen Willen, der ein Funke aus dem ewigen reinen Lichte ist"[3]). Die Gesetze des Willens sind Gesetze, die er gibt, nicht solche, die er empfängt. „Über dem Willen ist nichts. In ihm ist das Leben ursprünglich. Wie sollte ein Gesetz einen Willen hervorbringen können? Wo dies zu geschehen scheint, wird schon ein gesetzgebender Wille vorausgesetzt, der in dem gegenwärtigen Fall als ausübende Gewalt erscheint"[4]). Mit Spinoza stimmt Jacobi darin überein, daß er die Grundlage der verschiedenen Begierden aller lebendigen Wesen im Trieb sieht, der ihr eigentliches Sein ausmacht. Mit Bezug darauf spricht er das bedeutsame Wort aus: „Ich fühle diesen Trieb (nämlich das Wollen der Tugend) als meine wesentliche, wahrhafte und höchste Kraft und schreibe mir in diesem Gefühle notwendig das Vermögen zu, alle meine sinnlichen Begierden, Neigungen und Leidenschaften den Forderungen der Tugend gemäß zu bestimmen"[5]). Den ursprünglichen, natürlichen Trieb nennt er die Begierde a priori. Ist er der Trieb eines vernünftigen Wesens, so nennt er ihn Wille. „Wille ist reine Selbsttätigkeit, erhoben zu dem Grade des Bewußtseins, welchen wir Vernunft nennen"[6]). Seine starke Abhängigkeit von der englischen Moralphilosophie bezeugen u. a. folgende Sätze: „Erfahrung und Geschichte lehren,

---

[1]) Entwurf der notwendigen Vernunftwahrheiten § 455.
[2])   „   „   §§ 445 u. 446.
[3]) Werke, Bd. IV, S 1 u 2.
[4])   „   „   VI, „ 150
[5])   „   „   III, „ 324.
[6])   „   „   IV, „ 27

daß des Menschen Tun viel weniger von seinem Denken, als sein
Denken von seinem Tun abhänge; daß seine Begriffe sich nach
seinen Handlungen richten und sie gewissermaßen nur abbilden,
daß also der Weg der Erkenntnis ein geheimnisvoller Weg ist —
kein syllogistischer — kein mechanischer."[1]

An dieser Stelle verdient auch Johann Nicolas Tetens
Erwähnung, einmal, weil seine Forschungen mit denen Jacobis
viel Verwandtes haben, ferner, weil er den nachfolgenden großen
Kant in mehrfacher Beziehung beeinflußt hat. Tetens ist einer
der bedeutendsten Moralphilosophen überhaupt. In seinem noch
heute sehr lesenswerten Werke: „Philosophische Versuche über die
menschliche Natur und ihre Entwicklung" beschäftigt er sich auch
mit dem Willensproblem. Dies Buch ist nur deshalb von seinen
Zeitgenossen nicht nach Gebühr gewürdigt worden, weil Kants
gewaltige Werke es bald verdunkelten. Tetens geht bei der Erforschung des Willens nicht von den Vorstellungen aus, sondern
nimmt die einfache Reflexionshandlung zum Anfangspunkt. Damit
wird er ein Vorläufer Wundts. Die inneren Handlungen trennt
er als „immanente Aktionen" von den äußeren, körperlichen, die
er „transeunte Aktionen" nennt. Solche inneren Handlungen
treten auf, „wenn die Seele auf sich selbst wirkt, wenn sie z. B.
einen Vorsatz faßt, eine Idee unterdrückt, die Aufmerksamkeit auf
etwas wendet oder sich zerstreut"[2]. Dabei entstehen stets Bewegungen im Gehirn, die sich bei genügender Stärke gleich nach
außen verbreiten und bemerkbar machen. Diese automatischen
Bewegungen weisen ebenso wie die Reflexbewegungen auf ein ursprüngliches Wollen hin. Sie sind als die eigentümliche „Seelen-
wirkung" anzusehen, die sich bereits im Tiere kundgibt und im
Menschen bestimmend wird. Das Gefühl, das Tetens als selbst-
ständiges Seelenvermögen ganz neu anspricht, ist mit der Vor-
stellungskraft nur eine bestimmte Anwendung des tätigen Grund-
prinzips. Dies tätige Vermögen der Seele ist der Wille, der einmal Vorstellungen denkt, ein anderes Mal Handlungen hervorbringt. „Und dies ihr Vermögen, sich selbst zu bestimmen, macht
ihren Willen aus"[3]. So kommt Tetens infolge seiner voluntaristischen Anschauung in der Moralphilosophie zum Energismus.

[1] Werke, Bd. IV, S. 248 f.
[2] Phil. Versuche X, 634.
[3] „ „ XII, 104.

Nun aber begegnen wir dem Philosophen, auf den Tetens durch seine tiefgründigen Forschungen stark eingewirkt hat, Immanuel Kant. Wenn auch für diesen genialen Geist andere Fragen im Vordergrunde seines Interesses standen, so ward das Problem des Voluntarismus doch bemerkbar in sein umfassendes Wirken einbezogen. Ja, sein Wort vom Primat der praktischen Vernunft bedeutet den Primat des Willens. Er wollte kräftig gegen den einseitigen Intellektualismus, der noch immer auch seine Zeit beherrschte, ankämpfen. Dadurch, daß er das moralische Tun zu einer moralischen Welt emporhob, erhielt der Intellektualismus auf deutschem Boden eine starke Erschütterung. Auf französischer Seite hatte Rousseau diesen Kampf mit mächtigem Erfolge begonnen. Und Kant ist in diesem Sinne ein treuer Schüler des großen Franzosen. Nun erst konnte, wurzelnd in ihm, ein seit Jahrhunderten vorhandenes Streben zu wissenschaftlicher Klärung und Durchbildung gelangen. Aber bei der gesamten Charakteranlage dieses großen Philosophen erscheint es selbstverständlich, daß nicht der metaphysische oder psychologische, sondern der ethische Voluntarismus in ihm einen der bedeutendsten Vertreter fand. Stärkung des Willens zum Guten, damit die Handlungen der einzelnen vorbildlich für alle werden können, ist ihm die Hauptsache. Es sind echt voluntaristische Klänge, wenn er sagt, der Wille sei nichts anderes als die praktische Vernunft selbst. Die Vernunft wird aber zur praktischen nur dadurch, daß sie die Materie eines höheren Willens ausspricht. Die Welt des Sittlichen hat für Kants Seelenleben eine maßgebende Bedeutung. Hier kommt er zum „Atemholen im Unendlichen", nach dem er oft Sehnsucht empfand. Die zentrale Stellung, die Kant dem Willen einräumt, geht aus folgendem schönen Wort hervor: „Es ist überall nichts in der Welt, ja überhaupt auch außer derselben zu denken möglich, was ohne Einschränkung für gut gehalten werden könnte, als allein ein guter Wille"[1]). Er nennt ihn „ein Juwel, das für sich selbst glänzt und seinen vollen Wert in sich selbst hat"[2]). Damit steht in engem Zusammenhange, wie Kant die Stellen Matth. V., 20—48 rc. auslegt. Nur diejenigen Handlungen haben Wert, bei denen der Gedanke an Belohnung

---

[1]) Kant, Grundlegung zur Metaphysik der Sitten, S. 10.
[2]) „ „ „ „ „ „ S. 11.

auszuschalten ist[1]). So sehr er auch den Glauben an eine Gott=
heit hochschätzt, so legt er doch großes Gewicht darauf, daß der
Mensch seine Pflichten als Pflichten gegen sich selbst auffasse,
nicht als Pflichten gegen Gott. Damit fordert er die Selbst=
bestimmung oder Autonomie des Willens. Diese erklärt er folgender=
maßen: „Autonomie des Willens ist die Beschaffenheit des Willens,
dadurch derselbe ihm selbst (unabhängig von aller Beschaffenheit
der Gegenstände des Wollens) ein Gesetz ist"[2]). Das Gesetz,
unter dem der Wille steht, kann daher kein individuelles, sondern
nur ein universelles sein. In der Tat hat nach Kant das Sitten=
gesetz diese Beschaffenheit. Da aber das allgemeine für das
individuelle Bewußtsein transzendental ist, so wird dadurch außer=
dem die überempirische Natur des Sittengesetzes und die der
empirischen Kausalität entzogene Natur des überall unter dem
Postulat seiner Freiheit handelnden Willens erwiesen. Erst die
äußerlich gewordene Willenshandlung tritt in die Reihe der kausal
verbundenen Naturereignisse ein. Der Wille weist auf die Einheit
des übersinnlichen Charakters im Menschen. Er ist ein einheitliches
Vermögen, dem auch nur ein einziges, a priori gültiges Gesetz
des Handelns zugehört. Wie aber die übersinnliche Natur des
Menschen als der letzte Grund seiner sinnlichen Natur angesehen
werden muß, so hat demnach auch der Wille einen gewissen Vor=
rang vor dem Erkennen. Diesen Gedanken läßt Kant begeistert
in den herrlichen Worten durchklingen: „Was ist das in mir,
welches macht, daß ich die innigsten Anlockungen meiner Triebe
und alle Wünsche, die aus meiner Natur hervorgehen, einem
Gesetze aufopfern kann, welches mir keinen Vorteil zum Ersatz ver=
spricht und keinen Verlust bei Übertretung desselben androht ...
Man kann nicht satt werden, sein Augenmerk darauf zu richten,
und in sich selbst eine Macht zu bewundern, die keiner Macht der
Natur weicht ... Hier ist nun das, was Archimedes bedurfte, aber nicht
fand: Ein fester Punkt, woran die Vernunft ihren Hebel ansetzen
kann ... um den menschlichen Willen, selbst beim Widerstande
der ganzen Natur, durch ihre Grundsätze zu bewegen"[3]). Über
Kants Voluntarismus sagt Paulsen: „Kant gibt dem Willen die
ihm zukommende Stellung in der Welt. Er hat dem einseitigen
Intellektualismus des 18. Jahrhunderts ein Ende gemacht ...

---

[1]) Religion innerhalb der Grenzen der bloßen Vernunft, S. 170 ff.
[2]) Grundlegung zur Metaphysik der Sitten, S 67.
[3]) Von einem neuerdings erhobenen vornehmen Ton in der Philosophie.
Berlinische Monatsschrift 1796, S. 418 f.

Zwei Sätze bezeichnen die neue Anschauung: 1) Der Wert eines Menschen hängt nicht von seinem Verstande, sondern allein von seinem Willen ab; 2) auch die Weltanschauung eines Menschen hängt nicht vom Verstande, sondern in erster Linie vom Willen ab . . . die letzten und höchsten Wahrheiten, auf die und für die ein Mensch stirbt, haben ihren Grund nicht im wissenschaftlichen Erkennen, sie stammen aus dem Herzen, aus dem wesenhaften Willen"[1]. Auch Kants drei Postulate der praktischen Vernunft: Unsterblichkeit der Seele, Dasein Gottes, Freiheit[2] sind Zeugen für seinen ethischen Voluntarismus. Nur ein Denker, dem so die hohe Bedeutung dieser Art des Voluntarismus aufgegangen ist, kann den gestirnten Himmel und das moralische Gesetz in den bekannten Gegensatz stellen, wenn er sagt: „Der erstere . . . vernichtet gleich= sam meine Wichtigkeit als eines tierischen Geschöpfs . . . das zweite dagegen erhebt meinen Wert, als einer Intelligenz, unendlich durch meine Persönlichkeit, in welcher das moralische Gesetz mir ein von der Tierheit und selbst von der ganzen Sinnenwelt unabhängiges Leben offenbart"[3]. Kants Einfluß auf Schopenhauer war gewaltig.

Noch eines Philosophen am Ausgange des 18. Jahrhunderts müssen wir Erwähnung tun, weil er auf den Voluntarismus des 19. Jahrhunderts unzweifelhaft eingewirkt hat: Bouterwek. In einem Hauptwerk[4] weist er nach, daß Wille für ihn die Kraft zu wollen bedeute. Er erblickt das lebendige Prinzip aller Stre= bungen in der Virtualität. Virtualismus ist ihm die innere Lebenskraft, die sich im einzelnen durch Kraft und Widerstand äußert. Wir finden sie jederzeit in uns und nennen sie dann Willen. Der Wille ist demnach unser wahres Sein, das die Grund= lage für alles Denken und Wissen erst bildet. Diese Kraft als solche bedeutet die Welt. So identifiziert er den Individualwillen und das ἕν καὶ πᾶν[5].

Es ist das Hauptmerkmal der Philosophie, ja des gesamten geistigen Lebens im 19. Jahrhundert, daß das Willensproblem den Kern der meisten Philosopheme bildet und im Mittelpunkt des öffentlichen Interesses steht. Man kann deshalb das 19. Jahr=

---

[1] Immanuel Kant, S. 396 f.
[2] Kritik der praktischen Vernunft, S. 146—160.
[3]   „   „   „   „   S. 194.
[4] Idee einer Apodiktik
[5]   „   „   „   II, S. 105, 106, 263.

hundert das Jahrhundert des Voluntarismus nennen. Schon an
seiner Schwelle steht ein Philosoph, in dem alle Keime der
verschiedenen voluntaristischen Bestrebungen vorhanden sind:
Johann Gottlieb Fichte. Er sah im Wollen ein Urprinzip
und faßte die Vorstellungswelt nur als Mittel und Objekt zur
Verwirklichung des Willens auf. Das wollende Ich setzt sich ein
Objekt nur, um sich darin sittlich betätigen zu können. Der Ausgang
aller Philosophie ist ihm die Tathandlung, das ist eine Tätigkeit,
die kein Objekt voraussetzt, sondern es selbst hervorbringt. Im
Tun liegt die Bestimmung des Menschen. „Es ist in mir ein
Trieb zu absoluter Selbsttätigkeit.[1])" Er fühlte ihn in sich in
seinem ganzen Leben als einen gewaltig wirkenden Drang zu
schöpferischer Tätigkeit. Das Tun ist nicht aus dem Sein, sondern
alles Sein aus dem Tun abzuleiten[2]). Und dieses Tun bewirkt
der lebendige Wille. „Der Wille ist das Wirkende und das Lebendige
der Vernunftwelt, sowie die Bewegung das Wirkende und Lebendige
der Sinnenwelt ist. Ich stehe im Mittelpunkt zweier gerade entgegengesetzten Welten, einer sichtbaren, in der die Tat, einer unsichtbaren
und schlechthin unbegreiflichen, in der der Wille entscheidet. Ich
bin eine der Urkräfte für beide Welten. Mein Wille ist's, der
beide umfaßt"[3]). Wie hoch er die Bedeutung des Wollens stellt,
ergibt sich aus dem energischen Wort: „Das Wollen ist der eigentliche, wesentliche Charakter der Vernunft"[4]). Sogar im Glauben
sieht er einen Entschluß des Willens. Die Gesinnung, nicht der
Verstand ist ihm die Hauptsache. Deshalb sagt er: „Nachdem ich
dieses weiß, weiß ich, von welchem Punkte alle Bildung meiner
selbst und anderer ausgehen müsse: Von dem Willen, nicht von
dem Verstande. Ist nur der erstere unverrückt und redlich auf
das Gute gerichtet, so wird der letztere von selbst das Wahre fassen"[5]).
Desgleichen sieht er natürlich das Denken in voller Abhängigkeit
von den Neigungen und Strebungen. Er sagt: „Unser Denken ist
nicht in sich selbst, unabhängig von unseren Trieben und Neigungen
gegründet. Wie des einzelnen Neigungen sind, so ist seine Erkenntnis.
Dieser Trieb nötigt uns eine gewisse Denkart auf, nur so lange,

---

[1]) Bestimmung des Menschen, S. 183.
[2]) Werke, Bd. IV, S 54; Bd. II, S. 93, 32.
[3]) Bestimmung des Menschen, S. 257.
[4]) Werke, Bd. III, S 21.
[5]) Bestimmung des Menschen, S. 195.

als wir den Zwang nicht erblicken. Aber der Zwang verschwindet, sobald er gesehen wird, und es ist nun nicht mehr der Trieb, der durch sich, sondern wir selbst sind es, die zufolge des Triebes unsere Denkart bilden"[1]). Es ist klar, daß Fichtes ausgesprochene, stark ethische Persönlichkeit auch in seiner „Sittenlehre" dem Wollen einen hervorragenden Platz einräumt. Wir finden dort folgende bemerkenswerte Stelle: „Die Äußerung, welche allein ich mir ursprünglich zuschreibe, ist das Wollen. Nur unter der Bedingung, daß ich eines solchen mir bewußt werde, werde ich mir meiner selbst bewußt"[2]). Das Gedachte, Objektive soll bloß für sich und ganz unabhängig vom Denken, Ich sein und für Ich erkannt werden, denn es soll als dies gefunden werden. „Sonach müßte im Gedachten als solchem, d. i. inwiefern es bloß das Objektive sein und nie das Subjektive werden kann, also das ursprünglich Objektive ist, eine Identität des Handelnden und des Behandelten stattfinden.... Nicht ein bloßes Anschauen seiner selbst, wie die ideale Tätigkeit es ist, sondern ein reelles Selbst= bestimmen seiner selbst durch sich selbst. Ein solches ist aber nur das Wollen, und umgekehrt, das Wollen denken wir nur so. Der Satz: Sich finden, ist sonach absolut identisch mit dem: Sich wollend finden. Nur inwiefern ich mich wollend finde, finde ich mich, und inwiefern ich mich finde, finde ich mich notwendig wollend"[3]). „Das Wollen ist als etwas Absolutes und Erstes nur aus dem Ich selbst zu erklären. Daß es absolut erscheint, ist eine Tatsache des Bewußtseins. — Alles Wollen nämlich ist absolut!"[4]). Auch mit Beziehung auf seinen lebendigen Trieb zur Tätigkeit hören wir in der „Sittenlehre" folgendes Wort: „Ich schaue ursprünglich meine Tätigkeit als Objekt an und insofern notwendig als bestimmt, d. h. es soll nicht alle Tätigkeit sein, die ich mir zuschreiben zu können wohl bewußt bin, sondern nur ein beschränktes Quantum derselben. Dieses Angeschaute ist's, was in allen menschlichen Sprachen ganz kurz Wollen heißt und allen Menschen sehr wohl bekannt ist, und wovon, wie der Philosoph nachweist, alles Bewußtsein ausgeht und lediglich dadurch vermittelt wird. Nun aber ist es ein Wollen, und mein Wollen, und ein unmittelbar

---

[1]) Bestimmung des Menschen, S. 198.
[2]) Sittenlehre, S. 12
[3])   „   S. 14.
[4])   „   S. 18, 22.

wahrzunehmendes Wollen, lediglich, inwiefern die angeschaute Bestimmtheit der Tätigkeit keinen Grund außer mir haben, sondern schlechthin in mir selbst begründet sein soll"[1]). Und an anderer Stelle: „Der Trieb ist etwas, das weder von außen kommt, noch nach außen geht. Eine innere Kraft des Substrats auf sich selbst. Selbstbestimmung ist der Begriff, vermittels dessen ein Trieb sich denken läßt. Also meine Natur, inwiefern sie im Triebe bestehen soll, wird gedacht, als sich selbst durch sich selbst bestimmend. Denn nur so läßt ein Trieb sich begreifen"[2]). Diese Ausführungen und ähnliche beweisen, daß er in seinem ganzen Leben eine unaufhörlich vorwärts strebende Natur voller Leben und Bewegung gewesen ist. Er hat in ganz hervorragendem Maße auf seinen Schüler Schopenhauer eingewirkt, viel stärker, als dieser selbst jemals es wahr haben wollte. Es erscheint jedem ernst Denkenden unverständlich, daß Schopenhauer später in so schroffer Weise sich von seinem wirklichen Lehrer losgesagt hat. Denn wir glauben ganz sicher Schopenhauer zu hören, wenn wir folgende Worte lesen: „Ich, als Prinzip einer Wirksamkeit in der Körperwelt angeschaut, bin ein artikulierter Leib, und die Vorstellung meines Leibes ist nichts anderes, denn die Vorstellung meiner selbst, als Ursache in der Körperwelt .. Nun soll aber doch der Wille Kausalität und zwar eine unmittelbare Kausalität haben auf meinen Leib, und nur so weit als diese unmittelbare Kausalität des Willens geht, geht der Leib als Werkzeug oder Artikulation. Der Wille wird daher auch vom Leibe unterschieden ... aber diese Unterscheidung ist nichts anderes, denn eine abermalige Trennung des Subjektiven und Objektiven, oder noch bestimmter, eine besondere Ansicht dieser Trennung. Der Wille ist in diesem Verhältnis das Subjektive, der Leib das Objektive"[3]). Den Höhepunkt der metaphysischen Form des Voluntarismus erreicht Fichte in der bekannten Stelle: „Erhabener, lebendiger Wille, den kein Name kennt und kein Begriff umfaßt, wohl darf ich mein Gemüt zu dir erheben; denn Du und Ich sind nicht getrennt. Deine Stimme ertönt in mir; die meinige tönt in Dir wieder ... Am besten fasset Dich die kindliche, die ergebene Einfalt. Du bist ihr der Herzenskündiger, der ihr Inneres

---

[1]) Sittenlehre, S. 106.
[2])   „   S. 139.
[3])   „   Einleitung S. XV f.

durchschaut . . . der Vater, der es immer gut mit ihr meint, und der alles zu ihrem Besten wenden wird"[1]).

Der zweite bedeutsame Bahnbrecher voluntaristischer Gedanken im 19. Jahrhundert ist Schelling. In seiner Schrift: „Philosophische Untersuchungen über das Wesen der menschlichen Freiheit" erfaßt er den Willen als metaphysisches Grundprinzip in folgenden Worten: „Es gibt in der letzten und höchsten Instanz gar kein anderes Sein als Wollen. Wollen ist Ursein"[2]). Wir sehen in folgendem absichtlich von der transzendentalen philosophischen Einkleidung seiner Gedanken ab. Für Schelling offenbart sich das Leben des Menschen in seinem Willen. Nicht die menschenähnliche Gestalt, nicht die Bestimmbarkeit nach Zweck und Absicht, sondern der feste Wille, der mit einem kategorischen „ich will nicht!" einem anderen gegenübertritt, und das innere Gefühl der Freiheit, das sich selbst nur um den Preis einer anderen Freiheit aufgibt, beweist den wirklichen Menschen. Darum müssen wir unseren Willen im Sein betätigen. Wir sollen aufhören, Erscheinung zu sein, sondern wirklich tätige Wesen zu werden. Das ist ihm die höchste Forderung praktischer Philosophie. Deßhalb stellt er die Individualität des einzelnen Willens so hoch. Denn nur durch den individuellen Willen wird der allgemeine bedingt. „Nur dadurch, daß der individuelle und allgemeine Wille Wechselbegriffe werden, erfülle ich die Bedingung, unter der allein ein ethisches Gebot stattfindet. Ich soll nicht handeln, wie die übrigen alle handeln, sondern wie ich handle, sollen alle übrigen handeln; aber damit alle übrigen handeln, wie ich handle, soll ich handeln, wie alle übrigen handeln können. Nur durch den Beitritt des Willens aller übrigen zu meinem Willen wird mein Wille Wille aller, nur durch den Beitritt meines Willens zum Willen aller übrigen wird ihr Wille Wille jedes Individuums. Nur indem ich den Willen überhaupt als ursprünglich absolut denke, kann ich den Willen aller übrigen als auf die Bedingung des meinigen und den meinigen als auf die Bedingung des Willens aller übrigen eingeschränkt denken. Also setzt selbst die Einschränkung des individuellen Willens durch den allgemeinen Willen die ursprüngliche Uneingeschränktheit des Willens voraus"[3]). In Anlehnung an Kant

[1]) Bestimmung des Menschen, S. 303 f.
[2]) Philosophische Untersuchungen, Ausg. 1834, S. 26.
[3]) Werke, Bd. I, S. 254 f.

spricht Schelling als das höchste Gebot aller Ethik aus: „Handle so, daß dein Wille absoluter Wille sei!"[1]) Er fordert für jeden ein Recht zu allem, wodurch die Individualität des Willens behauptet wird, der nur insofern eingeschränkt ist, als er durch die Einschränkung absolut wird. Und der Einzelwille ist nur insofern absolut, als er auf die Bedingung des allgemeinen Willens eingeschränkt ist. Der absolute Wille ist ihm das Problem aller Moralphilosophie. Nur durch Vereinigung der höchsten Individualität mit der höchsten Allgemeinheit des Willens kann in einer moralischen Welt der absolute Wille erreicht werden. Ein solcher Wille würde zugleich die unbeschränkteste Freiheit und die höchste Gesetzmäßigkeit umfassen. In Schelling vermählt sich der metaphysische Voluntarismus mit dem ethischen. Eine Trennung beider ist nicht immer durchzuführen. In seinen Deduktionen steht er in seiner ersten Zeit stark unter dem Einfluß Fichtes. So meint er auch, daß unser ganzes Dasein an unserer Tätigkeit hänge. Diese äußert sich in beständigem Produzieren. Dadurch, daß die Seele ihre eigenen Vorstellungen hervorbringt, ist sie wechselseitig von sich selbst Ursache und Wirkung. Deshalb nennt Schelling die Seele eine sich selbst organisierende Natur. Infolgedessen kommt in den menschlichen Geist nichts von außen hinein. Was in ihm ist, hat er von innen heraus, nach einem inneren Prinzip gebildet[2]). Der stete und feste Gang der Natur zur Organisation verrät deutlich genug einen regen Trieb, der mit der Materie ringt, bald unterliegt, bald in freieren Formen sich zur Geltung bringt. So bestimmt der Geist sich selbst, etwas zu tun, und indem er sich bestimmt, tut er es auch. Diese Selbstbestimmung des Geistes nennt Schelling Wollen. „Der Geist will, und er ist frei. Daß er will, dafür läßt sich kein anderer Grund angeben; denn eben deswegen, weil diese Handlung schlechthin geschieht, ist sie ein Wollen"[3]). Der ideale Urmensch, der ein Ebenbild Gottes ist, hat einen doppelten Willen. Der eine strebt zu Gott; in ihm wird die Seele, wie sie sein soll. Wenn sie aber dem andren folgt, dann entzieht sie sich der göttlichen Vermittlung, verfehlt ihr hohes Ziel und „macht, daß auch alles andere hinter dem Ziel zurückbleibt. . . . . Dieses Wollen ist ein Wollen der Seele, das Immaterielle des Imma-

---

[1]) Werte, Bd. I, S. 255.
[2]) „ „ I, S. 386.
[3]) „ „ I, S. 395.

teriellen, es ist Geist . . . ist absolut immateriell, kein „Was", sondern ein „Daß", somit in der Tat „wie Gott"[1]). So birgt die Seele die Möglichkeit eines real-außergöttlichen Seins in sich, indem sie, sich auf die Stufe des Geistes erhebend, durch eigene Tat die Verbindung mit Gott zerreißen kann. „Denken wir uns nun diese Möglichkeit als Wirklichkeit, was wird der Erfolg sein? Unstreitig, daß das außer sich Gesetzte nun vielmehr in sich zurück= trete, also eine rückgängige Bewegung überhaupt, für jede Stufe ein Zurücksinken eines jeden in sich selbst und ins Materielle, über das es erhoben werden sollte und gewissermaßen durch die Bewe= gung erhoben war"[2]). Damit erklärt Schelling die physische Ma= terialität. Sie ist für ihn ein Abfall der Seele aus Gott. Die Erhebung des Eigenwillens erzeugt das Böse. In dem „Sich selbst Wollen" herrscht das egoistische Prinzip, das ewig „Unbefriedigte, die Quelle alles Unwillens und Mißvergnügens"[3]). Durch den Mißbrauch der Freiheit kam der Abfall zustande. Der Mensch hat den leisen Zug nach oben zerstört. So erscheint er als der arme Sohn der Erde, dem Bösen verfallen, dem Tode preisgegeben. Aber dieser Abfall ist die erste Tat des Menschen. Sie beruht auf eignem Wollen. Somit ist der ursprüngliche Geist das Wollen der Seele, die nach Freiheit strebt. Durch dieses Geistwerden der Seele entstand die Welt. Damit fällt auf die ganze Welt der Schatten jener Urtat und Urschuld.

Der Grund für die Realität der Dinge liegt also in einem Abfall aus dem Absoluten[4]). Damit nähert sich Schelling in gewissem Sinne der Platonischen Lehre, nach der die Seele nur durch den Abfall vom Urbild von ihrer ersten Seligkeit herabsinkt und in das zeitliche Universum tritt.

Der Geist vernichtet alles Objektive durch die Tat. Es bleibt ihm dann nur die reine Form des Wollens übrig, die von nun an das ewige Gesetz seines Handelns wird. So wird für Schelling das Schlechthinhandeln zum Wollen. Und der Geist wird sich nur im Handeln seines Wollens unmittelbar bewußt. „Der Akt des Wollens überhaupt ist die höchste Bedingung seines Selbstbewußt= seins"[5]). In dieser Handlung liegt nach Schelling theoretische und

---

[1]) Groos, die reine Vernunftwissenschaft, S. 95 f.
[2]) Werke 2 Abt. I, S 422.
[3]) „ 2. „ III, S. 226.
[4]) Philosophie u. Religion, S. 35.
[5]) Werke, Bd. I, S. 395.

praktische Philosophie vereinigt. Über diese Handlung können wir nicht hinaus. Darum kann sie mit Recht das Prinzip unseres Philosophierens genannt werden. „Der Geist ist ein ursprüngliches Wollen. Dies Wollen muß daher so unendlich sein, als es selbst ist"[1]. Mit diesen Worten wird Schellings Voluntarismus wieder rein metaphysisch. So auch, wenn er das Wollen in uns als das Vermögen der transzendenten Freiheit bezeichnet. Das Vorstellen ohne die Freiheit des Wollens nennt er blind und spricht ihm das Bewußtsein unsrer selbst ab. An anderen Stellen fließen in die metaphysische Darstellung wieder ethische Reflexionen ein: „Die Materie des Moralgesetzes ist das Reine in uns. Seines reinen Tuns wird der Geist nicht bewußt als durch das Wollen, indem er alle Materie des Handelns, insofern sie ihm gegeben ist, aufhebt, um sie selbsttätig zu bestimmen . . . Die Quelle des Moralgesetzes ist der Wille"[2].

Auch Schelling hat mit seinen starken Potenzen voluntaristischer Art eine tiefe Wirkung auf Schopenhauer ausgeübt. Wenn dieser sich zwar auch bemüht, seine Stellung von der Schellings zu sondern, so ist das nur ein Ausfluß von Schopenhauers starkem Selbstbewußtsein. Wie weit andrerseits Schelling Fichtesche Gedankengänge in sich aufgenommen hat, zeigt sich u. a. auch darin, daß sein Begriff „das Absolute, das All=Eine" im wesentlichen dem „Ich" Fichtes entspricht.

Hier mag der Ort sein, einige minder große Philosophen einzuschalten, die am Anfange und in der Mitte des 19. Jahrhunderts voluntaristische Gedanken vertraten. Sie greifen einerseits zu Schopenhauer, andererseits zu seinem großen Antipoden Wundt über. Zunächst sei Christian Weiß genannt. Sein Hauptwerk, das für uns in Betracht kommt, heißt: „Untersuchungen über das Wesen und Wirken der menschlichen Seele". In ihm spricht er von zwei Elementen, Trieb und Sinn oder Richtung und Bildung. Aus diesen setzt sich das gesamte Willensleben nach seiner Meinung zusammen. Psychologisch scharf unterscheidet er die Willenstätigkeit von allen andern Seelenvorgängen. In ausführlicher Darstellung erweitert Weiß den Willensbegriff nach der logisch=metaphysischen Seite. Ihm folgt Johannes Huber, der in selbständiger Forschung als Kardinalpunkt aller philosophischen Lehre die Freiheit des Willens sowohl in praktischer als auch in theoretischer

---

[1] Werke, Bd. 1, S. 395.
[2]   „   „ 1, S. 429.

Hinsicht behauptet. Sein Bestreben geht darauf aus, die menschliche Willensfreiheit näher zu begründen. Nach seiner Meinung läßt sie sich nicht auf dem Wege äußerer Erfahrung beweisen, sondern nur ein forschender Blick in die Innerlichkeit des Menschen und ihre Vorgänge kann uns zur rechten Überzeugung bringen Hier aber wird die Möglichkeit und Wirklichkeit der Freiheit jedem klar; denn die klarsten Tatsachen des Bewußtseins können ohne ihre Voraussetzung nicht erklärt werden; sie werden geradezu unverständlich. Fichtesche Gedanken klingen in ihm wieder, wie wir aus folgender Stelle hören: „Alles, wozu der Geist wird, muß er vor allem durch eigene Tätigkeit werden. Weder die Erkenntnis, noch die Tugend ist ihm von Anfang an schon mitgegeben, noch weniger können ihm diese Güter von außen geschenkt werden Er muß sie in sich selbst erringen .. Das Glück in seiner wahren Gestalt ist ein Kampfpreis, der durch Wollen und Streben errungen werden muß")¹). In den letzten Worten spüren wir auch einen leisen Einfluß der englischen Moralphilosophie Noch stärker bemerken wir ihn in folgender Darstellung: „Aus seiner Vernunftanlage brechen dem Menschen die Triebe nach dem Wahren, Schönen, Rechten und Guten hervor; denn die Vernunft ist eben selbst die Möglichkeit aller dieser Ziele und richtet sich daher nach ihnen, wie jeder lebendige Keim nach seiner vollen Verwirklichung. Diese Ziele sind vorerst keine objektiven Wirklichkeiten, es sind zunächst vor unserer geistigen Anschauung aufgestellte Zwecke, es sind Ideen, die ein Seinsollendes dem Strebenden zeigen. Indem der Mensch nach diesen Zielen strebt, entwickelt sich seine Vernunftanlage. Er beginnt, geistig zu wachsen Im Wollen des Rechten und Guten wird er zum wahren Vernunftwesen. Nicht bloß das Ziel, sondern auch das Zurücklegen des Weges ist Glück und Freude. Denn das Streben und allmähliche Emporkommen zu höherer Reinheit ist mit Lust verbunden"²). Es sind bei Johannes Huber ethisch= voluntaristische Gedanken mit psychologischen Schattierungen fest= zustellen.

Ein Bonner Gelehrter, namens Calker, möge durch seine „Denklehre oder Logik und Dialektik" in dieser Betrachtung auch eine Stelle finden. Er spricht klar aus, daß der Wille einen

---

¹) Der Pessimismus, S. 106.
²) „   „   S. 108.

großen Einfluß auf den Verlauf der Vorstellungen ausübe; denn ohne seine Einwirkung, so meint er, entwickle sich in der Seele ein stetig fortgehendes Spiel von inneren Tätigkeiten, ein traum= ähnliches Leben, in dem sich weder ein Streben nach Wahrheit, noch nach Schönheit oder irgend einem anderen bestimmten Zweck finde. Dem sogenannten willenlosen Gedankenlauf spricht er jede besondere Bedeutung für die wissenschaftliche Erkenntnis ab. Zweck= mäßig weist er darauf hin, wie die Sprache des gewöhnlichen Lebens den Einfluß des Willens und die Neigung oder Abneigung auf die Vorstellungen durch die Ausdrücke „sich eine richtige oder falsche Vorstellung von einem Gegenstande machen", bezeichne. Der Mensch hat die Aufgabe, für sein Leben den Willen auch in einer durchgängigen Beziehung auf die Erkenntnistätigkeit in Ausübung zu bringen. „Die Erfahrung zeigt dem Menschen auf mannigfache Weise, daß sein Erkennen überhaupt von einer festen Entschließung und Ausdauer seines Willens bedingt werde"[1]). Die ersten Er= scheinungen, in welchen die Einwirkungen des Willens auf die Erkenntnis wahrgenommen wird, sind diejenigen, wo derselbe ein genaueres und sorgfältigeres Aufmerken auf das einem Menschen gegenwärtige Sein, „eine lebendigere Auffassung im Vernehmen anregt ... Die Tätigkeit des Willens zeigt sich daher an allen Arten der in der Vernehmung liegenden Erkenntnis der Dinge"[2]). Calker erinnert an Aristoteles, der schon den Einfluß des Willens auf die Vorstellungen ausgesprochen hat[3]). Die große Bedeutung der Willenstätigkeit für das Erkenntnisvermögen ist auch in fol= gendem zu merken: „Denn in der Lebenseinheit des menschlichen Geistes gehören Tatvermögen und Lustvermögen, Wille und Trieb, ursprünglich mit dem Erkenntnisvermögen zusammen und zeigen ihre Einwirkung auf dieses durch die Tätigkeiten der Seele, welche wir das Forschen und die Betrachtung nennen ... Forschung ist die durch den Willen bewirkte Anstrengung durch Ausdauer in der auf einen gewissen Punkt gerichteten Erkenntnistätigkeit; sie ist das feste Streben nach Erkenntnis eines Gegenstandes, das Erkennen mit Willen"[4]). Wir erkennen bei Calker eine empirische Er= weiterung des Willensbegriffes auf psychologischer Grundlage.

---

[1]) Denklehre, S. 262.
[2]) „ S. 263.
[3]) „ S. 265.
[4]) „ S. 261.

Nach derselben Richtung neigt Beneke, der die „Strebung" als psychisches Elementarphänomen im weiteren Sinn auffaßt. Auch für ihn ist die innere Erfahrung die letzte und einzige Quelle aller psychologischen Forschung. In der sorgfältigen Beobachtung des unmittelbar Gegebenen sieht er seine vornehmste Aufgabe. Aus seinen vielfachen Arbeiten greifen wir für unseren Zweck die eine: „Psychologische Skizzen" heraus. Beneke führt den Begriff „Urvermögen" für die ursprüngliche Beschaffenheit der Seele, die noch keine Reize empfangen hat, ein. Nach seiner Auffassung gibt es so viele Urvermögen, wie es Reizarten gibt. Sie alle sind im wesentlichen Strebungen. Sie haben das Verlangen, durch Reize erfüllt zu werden, die ihrer Natur angemessen sind. Die durch Reize erfüllten Urvermögen nennt er Grundvermögen. „Schon das ursprüngliche Vermögen ist Trieb, indem dasselbe keineswegs erst durch die äußeren Reize zum Leben geweckt wird, welche es in sich tot und rein passiv erwartete, sondern vielmehr dem Gereiztwerden mit größerer oder geringerer Lebendigkeit entgegenstrebt"[1].

Die hohe Bedeutung, die er dem Triebleben beilegt, geht auch aus folgendem hervor: „Die willkürliche Tätigkeiterweckung geht von einem Begehren, einem Triebe aus; in diesem aber findet sich ja ein Überfluß aufstrebenden Grundvermögens, welches dann eben, auf eine unbewußte Angelegtheit übertragen, dieselbe ins Bewußtsein ruft"[2]. Weiterhin führt er aus, daß alle Strebungen von Gefühlen begleitet sind. Schon im gewöhnlichen Leben sagt man, man empfinde oder fühle ein Bedürfnis, eine Begierde. „Dagegen kommt in ein noch so zusammengesetztes Lust- und Schmerzgefühl durch diese Zusammensetzung kein Streben hinein"[3]. Nur vermöge unserer logischen Abstraktion gelingt die Sonderung der einzelnen seelischen Funktionen. Wir nehmen bei Beneke nicht nur psychologischen Voluntarismus wahr, sondern entdecken auch metaphysische Spuren. Denn er erweitert den Willensbegriff derart, daß er die Strebungen ohne Veränderung ihrer Bedeutung ins Unbewußte verlegt und zwar an den Anfang aller psychischen Entwicklung. Die aus dem Bewußtsein gedrängten Seelentätigkeiten bilden sich zu unbewußten Angelegtheiten oder Spuren für künftige gleichartige Seelentätigkeiten aus. Unbewußtes

---

[1] Psychologische Skizzen, Bd. I, S. 77, 78.
[2]   „   „   Bd. I, S 81.
[3]   „   „   Bd. I, S. 227.

unb Bewußtes unterscheidet er nur dem Grade nach, sodaß jenes als geschwächtes Bewußtes, dieses als gesteigertes Unbewußtes anzusehen ist. „Höchstwahrscheinlich sind schon die ursprünglichen Vermögen der menschlichen Seele Strebungen, d. h. wir haben bei dem Prozesse der Reizung dem Vermögen der menschlichen Seele keineswegs eine völlige Passivität, sondern eben die Aktivität, wie den äußeren Reizen, zuzuschreiben. Wie die Reize auf uns einwirken, so streben in gewissem Maße unsere Sinnenvermögen den Reizen entgegen"[1]). Die der menschlichen Seele angeborenen sinnlichen Vermögen sind wirkliche Strebungen „Angeborene Strebungvermögen müssen wir der menschlichen Seele selbst bei Beschränkung dieses Ausdruckes auf zu einer bestimmten Richtung ausgebildete Strebungen beilegen"[2]). Nur wenn wir Benekes „Strebungen" mit der Willenskraft identifizieren, können wir ihn auf die psychologische Seite des Voluntarismus setzen. Doch ist seine gesamte Vermögenstheorie eine metaphysische Hypothese.

Eine selbständige Weiterbildung Benekescher Anschauungen erkennen wir bei Fortlage. In seinem „System der Psychologie als empirischer Wissenschaft aus der Beobachtung des inneren Sinnes" gibt er auch eine empirische Erweiterung des Willens= begriffs. Er kommt bereits zu der psychologisch bedeutsamen Erkenntnis, daß der Trieb als elementares Willensphänomen der Grund des Bewußtseins sei und das eigentlich Wirkliche des Seelenlebens darstelle.. „Mit Schopenhauer teilen wir die Ansicht, daß der Wille oder Trieb überhaupt das Grundverhältnis des psychischen Wesens als empirisches Ich bezeichnet, daß Trieb und Gefühl nur zwei verschiedene Seiten oder Anschauungsweisen desselben empirischen Grundverhältnisses sind, daher auch in der Terminologie promiscue gebraucht werden dürfen, und daß das Bewußtsein ein Phänomen ist, welches das Triebleben zur wesent= lichen Unterlage hat"[3]). Auch Fortlage steht unter dem Einfluß Fichtescher Gedanken. „Das Organ der Beobachtung des inneren Sinnes ist das unmittelbare Selbstbewußtsein, welches zugleich, in Aktivität gedacht, die denkende und reflektierende Potenz in uns bildet"[4]). Die Vorstellung ist für ihn Begleiterscheinung der

---

[1]) Psychologische Skizzen, Bd. II, S. 91.
[2]) „   „   „   Bd II, S. 95.
[3]) System der Psychologie, Bd I, Einleitung S. XIX.
[4]) „   „   „   „   Bd. I, S. 3.

Triebe. „Am Begriff des Triebes hängt gleichsam die ganze Welt; denn ihre beiden Grundfesten, Raum und Zeit, ruhen ganz und gar auf diesem Begriff."[1] Der Hauptteil seines Werkes behandelt das Triebleben. Er sagt sogar: „Das Selbst oder Selbstbewußtsein ist der Begriff eines reinen Lusttriebs".[2] Fortlage leitet das gesamte Seelenleben aus dem Trieb ab, insbesondere Bewußtsein, Gedächtnis, Raum und Zeit. Der Trieb gilt ihm in der Psychologie als das letzte Ergebnis der inneren Selbst=beobachtung. Trieb und Gefühl sind nur zwei verschiedene Seiten desselben Grundverhältnisses unseres seelischen Wesens. Er zergliedert den Trieb in folgende Teile[3]: 1) Lust und Unlustgefühl, 2) Ziel, 3) Zeitanschauung, 4) Bewegung als Mittel. Es ist nicht schwer zu erkennen, daß Fortlage manche Gedanken Wundts vorweg=genommen hat, sodaß wir ihn in gewissem Sinne als seinen Vorläufer ansehen können.

Wir kommen nun zu dem Philosophen, dessen Philosophie und Persönlichkeit der Zeiten Gunst und Ungunst reichlich erfahren hat, der aber dem in der deutschen Seele schlummernden Trieb zur Tat des Willens aufs mächtigste geweckt und auch die Menschheit um neue große Gedanken bereichert hat, zu Arthur Schopenhauer. Wille als das Wesen aller Dinge auszusprechen, ist sein ureigner Gedanke. Es genügte seinem scharfen Geiste nicht, die Welt als das traumhafte Gebilde unsrer Vorstellungen anzusehen. Da er von außen dem Wesen der Dinge nicht beikam, so mußte es nach seiner Meinung etwas sein, das im Innern des Menschen liege. In sich blickend, fand er sich als ein Doppelwesen, vorstellend und wollend. Bald erkannte er aber den Willen als die wurzelhafte Seite, die Intelligenz als eine dem Willen nur angewachsene Funktion. Wäre der Mensch ein rein erkennendes Subjekt, so wäre er sich selber nur Vorstellung. Er säe „sein Handeln auf dargebotene Motive mit der Konstanz eines Naturgesetzes erfolgen, eben wie die Veränderungen anderer Objekte auf Ursache, Reize, Motive. Er würde aber den Einfluß der Motive nicht näher verstehen als die Verbindung jeder anderen ihm erscheinenden Wirkung mit ihrer Ursache"[4]. Nur der Wille vermag dem suchenden Menschen die

---

[1] System der Psychologie, Bd I, S. 299.
[2] „   „   „   Bd. I, S. 372.
[3] „   „   „   Bd. I, S. 301
[4] Sämtliche Werke, Bd. I, S. 150 f

Pforten zum Verständnis der Welt zu erschließen. Es ist das persönliche Selbstbewußtsein Schopenhauers, aus dem diese Entdeckung entsprang. Den Willen lehrt der Leib des Menschen erkennen. Zwar hat Kant die Brücke zum Ding an sich für ungangbar erklärt, weil er keinen Unterschied zwischen der inneren und äußeren Erfahrung sah; dennoch ist sie vorhanden. Der Leib ist dem rein erkennenden Subjekt in zweifacher Weise gegeben. Einmal erkennt es ihn als Vorstellung in verständiger Anschauung, als ein Objekt unter Objekten. Denn auch er wird von uns in den Formen des Raums und der Zeit angeschaut. Ferner ist er uns auf eine ganz andere Weise, nämlich als jenes, dem einzelnen unmittelbar Bekannte gegeben. Dies bezeichnet Schopenhauer mit dem Wort Wille. „Jeder wahre Akt seines Willens ist sofort und unausbleiblich auch eine Bewegung seines Leibes: Er kann den Akt nicht wirklich wollen, ohne zugleich wahrzunehmen, daß er als Bewegung des Leibes erscheint. Der Willensakt und die Aktion des Leibes sind nicht zwei objektiv erkannte verschiedene Zustände, die das Band der Kausalität verknüpft, stehen nicht im Verhältnis der Ursache und Wirkung, sondern sie sind eins und dasselbe, nur auf zwei gänzlich verschiedene Weisen gegeben: Einmal ganz unmittelbar und einmal in der Anschauung für den Verstand. Die Aktion des Leibes ist nichts anderes, als der objektivierte, d. h. in die Anschauung getretene Akt des Willens"[1]. Mit unserem Leib ist uns zugleich der Wille und in dem Willen zunächst für unser eigenes Wesen das gegeben, was der Erscheinung als ihr Ansich zu Grunde liegt. Wie es kommt, daß Subjekt und Objekt in diesem Punkt unseres Erkennens so völlig zusammenfallen, ist ein Geheimnis. Es ist nach Schopenhauer das Wunder $\kappa\alpha\tau'\dot{\epsilon}\xi o\chi\acute{\eta}\nu$[2], „der Weltknoten"[3], den kein Sterblicher jemals entwirren wird. Leib und Wille sind eins, nur von verschiedenen Seiten gesehen. Zwar ist es unmöglich, die Identität des Willens und des Leibes zu beweisen. Sie ist ein Wissen der Vernunft.

Ist die Außenwelt reell? Sind die außen vorhandenen, dem Individuum nur als Vorstellungen bekannten Objekte auch Erscheinungen eines Willens? Schopenhauer bejaht diese Fragen, denn er meint, es sei unmöglich, der übrigen Körperwelt eine andere Art

---

[1] Sämtliche Werke, Bd. I, S. 151.
[2] " " Bd. III, S. 161.
[3] " " Bd. V, S. 331.

von Wirklichkeit zuzuschreiben als uns selbst. Andere Elemente als die, aus denen die Menschen gebildet sind, gibt es nach seiner Meinung nicht. An sich selber sind alle Dinge, wie ich selber es bin. Wille ist es, der sich in allen Vorgängen der Natur offenbart.

Zunächst gibt sich der Wille in den willkürlichen Bewegungen meines Leibes kund. Es ist ein Unding, die Bewegung wirklich zu wollen, ohne sie zugleich erscheinen zu sehen. Willensakt und Bewegungsakt sind identisch. Darum müssen die Teile des Leibes den Hauptbegehrungen des Willens vollkommen entsprechen. Das Gehirn ist der objektivierte Wille zu erkennen, „Zähne, Schlund und Darmkanal sind der objektivierte Hunger, die Genitalien der objektivierte Geschlechtstrieb, die greifenden Hände, die raschen Füße entsprechen dem schon mehr mittelbaren Streben des Willens, welches sie darstellen. Wie die allgemeine menschliche Form dem allgemeinen menschlichen Willen, so entspricht dem individuell modifizierten Willen, dem Charakter des einzelnen, die individuelle Korporisation, welche daher durchaus und in allen Teilen charak=teristisch und ausdrucksvoll ist"[1]). Wer diese Kenntnis besitzt, wird nicht allein in derjenigen Erscheinung, die seiner eigenen ganz ähnlich ist, also in Menschen und Tieren, jenen nämlichen Willen als deren innerstes Wesen anerkennen, sondern „die fortgesetzte Reflexion wird ihn dahin leiten, auch die Kraft, welche in der Pflanze treibt und vegetiert, ja, die Kraft, durch welche der Kry=stall anschießt, die, welche den Magnet zum Nordpol wendet, die, deren Schlag ihm aus der Berührung heterogener Metalle entge=gensährt, die, welche in den Wahlverwandtschaften der Stoffe als Fliehen und Suchen, Trennen und Vereinen erscheint, ja, zuletzt sogar die Schwere, welche in aller Materie so gewaltig strebt, den Stein zur Erde und die Erde zur Sonne zieht — diese alle nur in der Erscheinung für verschieden, ihrem inneren Wesen nach aber als dasselbe zu erkennen, als jenes ihm unmittelbar so intim und besser als alles andere Bekannte, was da, wo es am deutlichsten hervortritt, Wille heißt"[2]).

So definiert Schopenhauer den Willen unmittelbar als das hinter der Erscheinung liegende Ding an sich. „Er ist das Innerste, der Kern jedes einzelnen und ebenso des Ganzen: Er erscheint in jeder blind wirkenden Naturkraft: Er erscheint auch im überlegten

---

[1]) Sämtliche Werke, Bd. 1, S. 161.
[2]) „   „   „   Bd. 1, S. 163

Handeln des Menschen, welcher beiden große Verschiedenheit doch nur den Grad des Erscheinens, nicht das Wesen des Erscheinenden trifft"[1]). Damit ist aber für ihn die Erkenntnis des Wesens der gesamten Natur angebahnt. Alles Wirkliche ist Vorstellung, alle Vorstellung ist Erscheinung. In sie ist das Ding an sich, der Wille, eingeschlossen. Aber der Wille ist mit der Erscheinung nicht identisch, deshalb ist er auch unabhängig von ihren Gebilden. Nur wenn er erscheint, geht er zeitweilig in ihre Formen ein. An sich ist der Wille erhaben über Raum und Zeit, die nur Formen der Erscheinung sind. Mithin steht er über dem Intellekt. Er ist also kein Produkt der Erkenntnis; er ist vielmehr das Primäre, das die Erkenntnis erst zum Dienst seiner Bedürfnisse hervorbringt.

Damit ist Schopenhauer vollständig ins Bereich der Metaphysik geraten. Er hat den Willensbegriff metaphysisch erweitert. Unter Berücksichtigung der voluntaristischen Veranlagung Schopenhauers wird seine Lehre vollständig begreiflich. In dieser metaphysischen Erweiterung des Willens geht er noch weiter. Der Wille ist auch dem Satz vom Grunde nicht unterworfen. Dieser gilt nur in der Welt der Vorstellungen. Der Wille selbst ist grundlos[2]); er kennt kein Ziel, keine Grenze; er ist der stete Drang des Wollens schlechthin. Der Wille ist nur einer, ein einheitliches Ganzes. Aber wenn er in die Formen des Raumes und der Zeit eingeht, dann sondert er sich in die Vielheit der Erscheinungen.

Durch diese metaphysische Grundansicht bringt er alle Erscheinungen der Natur in einen großartigen Zusammenhang. Als niedrigste Stufe der Objektivation des Willens stellen sich die allgemeinen Naturkräfte dar, wie Schwere, Starrheit, Flüssigkeit Elektrizität ꝛc. Die anorganischen Gebilde nehmen eine höhere Stufe ein; dann folgen die Pflanzen, dann die Tiere, schließlich die Menschen, bei denen durch die mannigfaltigsten Individualitäten die Objektivation des Willens in ihrer schärfsten Ausprägung zu erkennen ist. Mit einem Schlage steht im Menschen die gesamte Welt als Vorstellung da, bisher bloß Wille, wird sie im Menschen gleich auch zur Vorstellung, Objekt des erkennenden Subjekts. „Der Wille, der bisher im Dunkeln, höchst sicher und unfehlbar, seinen Trieb verfolgte, hat sich auf dieser Stufe, d. h. im Menschen, ein Licht angezündet, als ein Mittel, das notwendig wurde zur

[1]) Sämtliche Werke, Bd. I, S. 163.
[2])   „   „   Bd. I, S. 196.

Aufhebung des Nachteils, der aus dem Gedränge und der kompli=
zierten Beschaffenheit seiner Erscheinungen, eben den vollendetsten,
erwachsen würde"[1]). Die Erkenntnis bleibt auch in ihrer weiteren
Entwicklung sowohl beim Menschen als auch bei den Tieren dem
Willen gänzlich dienstbar. „Der Wille spielt den Herrn, der
Intellekt den Diener".[2]) Der Intellekt hat von jeher als etwas
vom Menschen Verschiedenes gegolten, das ihm durch ein günstig
Geschick zuteil wurde. Welchen Zweck hat nun eigentlich die
gesamte Veranstaltung der Welt und des Lebens? Es ist das
großartige Schauspiel der Objektivation des Willens zum Leben.
Da der Wille an sich unzerstörbar ist, wird diese Welt ein unzer=
trennlicher Gefährte des Willens bleiben „Die Erde wälzt sich
vom Tage in die Nacht; das Individuum stirbt; aber die Sonne
selbst brennt ohne Unterlaß ewigen Mittag. Dem Willen zum Leben ist
das Leben gewiß, die Form des Lebens ist Gegenwart ohne Ende;
gleichviel wie die Individuen, Erscheinungen der Idee, in der Zeit
entstehen und vergehen, flüchtigen Träumen zu vergleichen"[3]) Die
Erscheinungsformen der Gattungen bleiben. Wenn auch nicht zwei
Individuen sich völlig gleichen, so sind doch im allgemeinen ihre
Formen gleich. Der Gestaltungsprozeß der Natur geht also nach
gewissen Typen vor sich. Schon dem großen Philosophen Platon
war diese Welt nur eine Summe von „Schattenbildern wirklicher
Dinge"[4]). Er sagt: „die Dinge dieser Welt werden immer, sind
aber nie"[5]). Plato fand in den ewigen Ideen die realen Urbilder
jener Schattenbilder. Die Ideen sind nicht das Ansich der Dinge,
denn das ist der Wille. Und die Ideen sind nicht identisch mit
dem Willen. Der Wille ist, so lange er sich noch nicht in der
sichtbaren Welt verwirklicht hat, nicht Vorstellung. Die Ideen aber
sind Vorstellungen, sonst wüßten wir von ihnen nichts; dennoch
kann die Idee nicht unter dem Satz vom Grunde stehen; sonst wäre
sie zeitlichem Wandel unterworfen und eben so flüchtig, wie die
Dinge dieser Welt. Wir würden das Bleibende in ihr dann ver=
geblich suchen. Nur die ganz allgemeine Form des wirklichen Seins
ist ihr eigen. Die Idee ist mithin die unmittelbare adäquate Ob=
jektität des Willens. Durch sie kommt das Ding an sich zu einem

[1] Sämtliche Werke, Bd I, S 212 f
[2]) „ „ Bd. II, S. 241.
[3]) „ „ Bd. I. S. 367.
[4]) „ „ Bd. I, S. 235.
[5]) „ „ Bd. I, S. 235.

angemessenen Ausdruck. Auch können die Ideen als ein Mittelglied zwischen dem metaphysischen Weltgrund und der Vielheit der Vorstellungen angesehen werden.

Zur Erkenntnis der Ideen kommen wir nur durch ihre Beziehungen zum Willen; denn die Erkenntnis bleibt der Dienstbarkeit des Willens ständig unterworfen. Nur für Augenblicke ist dem Menschen die Aufhebung dieser Knechtschaft der Erkenntnis vergönnt. Und auch nur in den höheren Geistern, in den Genien, gelingt ihm diese Befreiung. In ihnen überwindet die Intelligenz das Wollen so, daß das Erkennen für eine kurze Zeit vom Willen frei wird. Dann werden die Dinge interesselos, rein objektiv angeschaut. Aus dieser Seligkeit der ästhetischen Anschauung entspringt die Kunst. Der Mensch ist dem Banne der Beziehungen zu Raum, Zeit und Kausalität entrückt. Er fragt nun nicht mehr nach dem Wo, Wann, Warum, Wozu der Dinge, sondern nur nach dem Was.[1]) So gibt er sich völlig der Betrachtung hin, versenkt sich in diese und läßt das ganze Bewußtsein ausfüllen durch die ruhige Kontemplation des gerade gegenwärtigen, natürlichen Gegenstandes, sei es eine Landschaft, ein Baum, ein Fels, ein Gebäude oder was auch immer, indem man, nach einer sinnvollen deutschen Redensart, sich gänzlich in diesen Gegenstand verliert, d. h. eben sein Individuum, seinen Willen, vergißt, und nur noch als reines Subjekt, als klarer Spiegel des Objekts, bestehen bleibt, sodaß es ist, als ob der Gegenstand allein da wäre, ohne jemanden, der ihn wahrnimmt man kann also nicht mehr den Anschauenden von der Anschauung trennen, sondern beide sind eins geworden, indem das ganze Bewußtsein von einem einzigen anschaulichen Bilde gänzlich gefüllt und eingenommen ist[1]). In der Anschauung vergißt er seinen Willen. Der Mensch wird willenlos, zeitlos, schmerzlos. Seine Individualität bleibt zurück; er wird zum reinen Subjekt der Erkenntnis. Was er jetzt erkennt, ist „nicht mehr das einzelne Ding als solches, sondern es ist die Idee, die ewige Form, die unmittelbare Objektität des Willens auf dieser Stufe."[1]) Subjekt und Objekt sind eins geworden. Das Bewußtsein ist das deutlichste Bild des Objekts. In dieser Betrachtung erkennt sich der Wille selbst; denn er ist für eine Zeit mit dem Weltgrunde selbst eins geworden. Die

---

[1]) Sämtliche Werke, Bd. I, S. 244.

Aufgabe der Kunst ist es nun, die durch innere Betrachtung aufgefaßten ewigen Ideen als das „Bleibende und Wesentliche aller Erscheinungen" festzuhalten. Wir können sie daher geradezu bezeichnen „als die Betrachtungsart der Dinge, unabhängig vom Satz des Grundes"[1]). Wie dies geschieht, führt des näheren das dritte Buch der „Welt als Wille und Vorstellung" aus. Die Kunst unterscheidet sich von der Wissenschaft als ein Werk des Genius, der in Betrachtung der Welt sich selbst verliert. Der geniale Künstler muß das Aufgefaßte durch überlegte Kunst wiederholen, und „was in schwankender Erscheinung schwebt, in dauernden Gedanken befestigen"[2]). Dem genialen Menschen genügt die Gegenwart nicht, sondern rastlose Strebsamkeit treibt seinen Geist in räumliche und zeitliche Fernen. Ihm sind auch, da er die Wege des reinen Erkennens wandelt, unbeschreibliche Seligkeiten aufgespart. Er bleibt nicht stehen bei dem, was die Natur bildete, sondern sucht mit Hilfe seiner starken Phantasie das zu konstruieren, was sie zu bilden vergeblich sich mühte.

Unter den Sinnesorganen ist das Auge das berufene Organ der Betrachtung. Denn das Sehen „hat keine unmittelbare Verbindung mit dem Willen", weil es im Organ nicht von lust= oder unlust= betonten Empfindungen begleitet ist. Die andern Sinne vermitteln dagegen sofort angenehme oder unangenehme Empfindungen. „Das Licht ist das Erfreulichste aller Dinge: Es ist das Symbol alles Guten und Heilbringenden geworden"[3]). In allen Religionen wird es das Abbild der ewigen Erlösung, die Finsternis dagegen zum Sinnbild der Verdammnis. Wenn ein Ding so beschaffen ist, daß es die Erkenntnis seiner Idee erleichtert, dann ist es schön. Besonders ausgezeichnet in dieser Wirkung ist die schöne Natur. Sie vermag selbst dem Unempfindlichsten wenigstens ein flüchtiges ästhetisches Wohlgefallen abzugewinnen. Das Erhabene ist vom Schönen zu unterscheiden. Gelingt es dem Menschen, beim An= schauen der großen, gewaltigen Naturereignisse ihre Beziehungen zu ihm, dem hinfälligen Einzelwesen, zu vergessen, sodaß er „allein der Erkenntnis hingegeben, eben jene dem Willen furchtbaren Gegen= stände als reines willenloses Subjekt des Erkennens ruhig kontem= pliert, ihre jeder Relation fremde Idee allein auffassend, daher

---

[1]) Sämtliche Werke, Bd. 1, S. 252.
[2])   „   „   Bd. 1, S. 253,
[3])   „   „   Bd. 1, S 269.

gern bei ihrer Betrachtung weilend, folglich eben dadurch über sich selbst, seine Person, sein Wollen und alles Wollen hinausgehoben wird: — dann erfüllt ihn das Gefühl des Erhabenen, er ist im Zustand der Erhebung"[1]).

Dem Stufenreich der Ideen entspricht die Reihe der Künste. Die schöne Baukunst bringt zwei niedere Objektitäten des Willens zur Anschauung: Schwere und Starrheit. „Die vollkommenste Ob=jektivation des Willens auf der höchsten Stufe seiner Erkennbarkeit ist die menschliche Schönheit"[2]). Schönheit und Anmut bilden den Hauptgegenstand der Skulptur. Die Dichtkunst hat die Aufgabe, die Ideen des Menschenlebens darzustellen. Eine besondere Stellung nimmt die Musik ein. Sie ignoriert die erscheinende Welt schlecht=hin und kann auch ohne sie bestehen. Infolgedessen ist sie gleich der Welt die unmittelbare Objektivation des ganzen Willens und darum in ihrer Wirkung viel mächtiger und eindringlicher als die übrigen Künste. „Man könnte demnach die Welt ebenso wohl verkörperte Musik als verkörperten Willen nennen"[3]).

Schopenhauers Ästhetik ist deshalb für sein System und seinen Voluntarismus von so hoher Bedeutung, weil sie uns zeigt, daß bei ihm die Entdeckung des Willens nicht wie bei Fichte von freudigem Aktivitätsbewußtsein begleitet war, sondern wie bei Schelling von dem qualvollen Gefühl endlosen, ungestillten Begehrens. Die Willensmetaphysik des 19. Jahrhunderts ist fast durchweg pessimistisch, und Schopenhauers Ästhetik ist deswegen so ausführlich behandelt worden, weil sie gleichsam der Ausdruck der Sehnsucht zurück in den rein schauenden, rein intellektuellen Zustand ist, der freilich für diese Zeit und diese Stufe der Selbsterkenntnis nicht zurückgerufen werden konnte.

Jeder Blick auf die Welt bestätigte Schopenhauer, daß der Wille zum Leben keine beliebige Hypothese, kein leeres Wort, sondern der allein wahre Ausdruck ihres innersten Wesens war. „Alles drängt und treibt zum Dasein"[4]). Jeder wünscht eine mögliche Steigerung des Lebens. Die tierische Natur macht es deutlich, daß der Grundzug ihres Wesens Wille zum Leben ist: „Man betrachte diesen universellen Lebensdrang, man sehe die unendliche

---

[1]) Sämtliche Werke, Bd. I, S. 272.
[2])   „   „   Bd. I, S. 295.
[3])   „   „   Bd. I, S 346.
[4])   „   „   Bd. II, S. 411.

Bereitwilligkeit, Leichtigkeit und Üppigkeit, mit welcher der Wille
zum Leben unter Millionen Formen überall und jeden Augenblick
mittels Befruchtungen und Keimen ... sich ungestüm ins Dasein
drängt, jede Gelegenheit ergreifend, ... und dann wieder werfe
man einen Blick auf den entsetzlichen Alarm und wilden Aufruhr
desselben, wenn er in irgend einer einzelnen Erscheinung aus dem
Dasein weichen soll, zumal wo dieses bei deutlichem Bewußtsein
eintritt"[1]). Wenn der Wille zur Erscheinung geworden ist, ist
sein Streben ohne Ziel und Ende. Er bejaht sich stetig selbst,
d. h. er will das Leben. Wollen und Vorwärtsstreben ist sein
Wesen. „Bei diesem offenbaren Mißverhältnis zwischen der Mühe
und dem Lohn erscheint uns, von diesem Gesichtspunkt aus, der
Wille zum Leben, objektiv genommen, als ein Tor, oder subjektiv
als ein Wahn, von welchem alles Lebende ergriffen, mit äußerster
Anstrengung seiner Kräfte auf etwas hinarbeitet, das keinen Wert
hat"[2]). Die Basis des Wollens ist die Bedürftigkeit. Alles
Streben entspringt der Unzufriedenheit mit dem jeweiligen Zustand
und ist deshalb Leiden, solange es nicht befriedigt ist. Doch jede
Befriedigung ist nur vorübergehend, keine ist dauernd. Schweigt
das Sehnen und Begehren, dann tritt Langeweile ein. „Bis
dahin jedoch sind seine (des Willens) Wünsche grenzenlos,
seine Ansprüche unerschöpflich, und jeder befriedigte Wunsch gebiert
einen neuen. Keine auf der Welt mögliche Befriedigung könnte
hinreichen, sein Verlangen zu stillen, seinem Begehren ein endliches
Ziel zu setzen und den bodenlosen Abgrund seines Herzens auszufüllen"[3]). Das Streben wächst mit dem Intellekt. Aber damit
wächst auch die Qual, die deshalb ihren höchsten Grad im Menschen
erreicht. Dort gelangt sie zu um so stärkerem Ausdruck, je
intelligenter der Mensch ist. Der, in dem der Genius lebendig
ist, leidet am meisten. Die beständigen Bemühungen, das Leiden
zu bannen, leisten nicht mehr, als daß sie es vergrößern. „Darum
nun, solange unser Bewußtsein von unserem Willen erfüllt ist,
solange wir dem Drange der Wünsche, mit seinem steten Hoffen
und Fürchten, hingegeben sind, solange wir Subjekt des Wollens
sind, wird uns nimmermehr dauerndes Glück, noch Ruhe. Ob
wir jagen oder fliehen, Unheil fürchten oder nach Genuß streben,

[1]) Sämtliche Werke, Bd II, S 411
[2])   „   „   Bd. II, S 419 f.
[3])   „   „   Bd. II, S. 674.

ist im wesentlichen einerlei: Die Sorge für den stets fordernden Willen, gleichviel in welcher Gestalt, erfüllt und bewegt fortdauernd das Bewußtsein; ohne Ruhe aber ist durchaus kein wahres Wohlsein möglich"[1]. Weil Schopenhauer den Willen als einen nimmer ruhenden, nimmer zu befriedigenden Drang schildert und auffaßt, erscheint ihm das gesamte Dasein unter dem Gesichtswinkel des Pessimismus. Jene Voraussetzung führt mit unvermeidlicher Konsequenz dahin. Auch die Geschichte des Menschengeschlechts sieht er vom Standpunkte des Pessimisten an, wenn er sagt: „Die Geschichte zeigt uns das Leben der Völker, und findet nichts, als Kriege und Empörungen zu erzählen: Die friedlichen Jahre erscheinen nur als kurze Pausen, Zwischenakte, dann und wann einmal"[2]. Das endliche Ziel der dornenvollen Laufbahn ist das Grab, und das Ende aller Arbeit ist der Tod. Die Welt, in der wir leben, ist also nicht die beste, sondern die schlechteste aller möglichen Welten. Schopenhauer meint, wenn sie nur ein wenig schlechter wäre, könnte sie überhaupt nicht bestehen. „Der Verlust des Intellekts, den durch den Tod der Wille erleidet, welcher der Kern der hier untergehenden Erscheinung und als Ding an sich unzerstörbar ist, ist der Lethe eben dieses individuellen Willens, ohne welchen nämlich er sich der vielen Erscheinungen erinnern würde, deren Kern er schon gewesen ist"[3]. Deshalb ist auch das Nichtsein besser als das Sein. In der völligen Verneinung des Willens zum Leben liegt die einzige Erlösung.

Daß der Wille als solcher frei ist, folgt aus seinem Wesen als Ding an sich. Jedes Ding ist als Erscheinung oder als Objekt an die Kausalität gebunden und darum unfrei. Auch der Mensch ist die Verwirklichung des Willens und deshalb gleich den übrigen Erscheinungen dem Gesetz der Notwendigkeit unterworfen. Der aus der Erfahrung bekannte Charakter des Menschen ist an Raum, Zeit und Kausalität gebunden. Hinter dem empirischen Charakter steht unwandelbar der intelligible. Er ist das innerste Wesen des Menschen, das Ding an sich selbst. Dies Wesen ist frei und unabhängig von aller Notwendigkeit. Die Willensfreiheit des Menschen ist seine intelligible Freiheit. Sie ist der Grund unseres Verantwortlichkeitsgefühls. Beim empirischen Charakter kann von

---

[1]) Sämtliche Werke, Bd. I, S. 265.
[2])   „   „   Bd. V, S. 304.
[3])   „   „   Bd. V, S. 288.

4*

Freiheit keine Rede sein; alle Handlungen sind determiniert. Drei Grundtriebe beherrschen den empirischen Charakter: 1) der Egoismus. In ihm wird der innere Widerspruch des Willens mit sich selbst offenbar. 2) Die Bosheit. Der natürliche Mensch ist geneigt, Unrecht zu tun, wo er nur kann. 3) Das Mitleid. Es ist der Liebe gleich, die das Wohl des andern sucht, die Grundlage aller Moral. Aus Egoismus und Bosheit gehen alle unsittlichen Handlungen hervor. Das Mitleid dagegen wird zur Quelle alles moralischen Tuns.

Ein Mensch, der in allen Wesen sein eigenes Selbst erkennt, wird auch das endlose Leiden alles Lebendigen als das eigene ansehen und so den Schmerz der ganzen Welt mitempfinden. Allmählich reift in ihm mächtig der Wunsch, von dem unaufhörlich drängenden Lebenswillen erlöst zu werden. So kommt er langsam zur Ruhe des Wollens: Der Wille wendet sich vom Leben ab; er sucht den Zustand freiwilliger Entsagung auf. In der Askese gibt sich dies Phänomen der gänzlichen Willenslosigkeit kund. Durch Verneinung des Willens, Ertötung des Eigenwillens, durch Selbstverleugnung kommt er zur Wiedergeburt, zur Erlösung. Die wirkliche Welt versinkt vor seinem Blick in das Nichts; er hat sie überwunden. Für den so Erlösten bricht das Reich der Gnade, die rechte Freiheit an. Der Tod ist für den Heiligen nur der Schlußstein seiner Heiligung.

Überblicken wir mit einem weiten Blick das großartige metaphysisch-voluntaristische System Schopenhauers, so können wir Paulsen beistimmen, wenn er meint, Schopenhauer habe mit seiner absoluten Irrationalität des Weltprinzips die „Metaphysik der Romantik"[1]) geschrieben.

Der Einfluß der Schopenhauerschen Lehre auf seine Zeitgenossen war zunächst gering. Erst allmählich brach sich sein System Bahn und erwarb sich Anerkennung und Widerspruch. Indem wir der Kritik an späterer Stelle Raum geben, wollen wir jetzt mit einigen Worten der Männer gedenken, die, von Schopenhauers Geist beseelt, seinem Voluntarismus Pfadfinder wurden.

Der erste, der als rechter Jünger des Meisters Lehre bekannt zu machen strebte und für ihn wirklich kämpfte, war Julius Frauenstädt. Anfangs Hegelianer, suchte er später als Anhänger

---

[1]) Paulsen, Einleitung in die Philosophie, S. 119.

Schopenhauers möglichst den Pessimismus aus seiner Lehre zu ent-
fernen. Seine besonders in Rechnung zu stellenden Schriften sind:
„Briefe über die Schopenhauersche Philosophie", sowie „Neue Briefe
über die Schopenhauersche Philosophie". Auch er lehrt, daß der
Anfang der Erkenntnis mit dem zu machen sei, in dem sich das
Ding an sich am unmittelbarsten kund gebe, im Willen. Die den
Willen bewegenden Ursachen teilt er in drei Klassen: Ursachen im
engeren Sinne, Reize und Motive. Auch ihm ist überall, wo
Kausalität ist, Wille. Deshalb ist auch für Frauenstädt der Wille
das Erste, das Beherrschende. Daß die Wesen Vorstellungen haben,
ist durch die Beziehung ihres Willens zu einem anderen bedingt.
Der Gegenstand ihrer Vorstellungen hängt von der Stufe ihres
Willens ab. Darum ergeben sich die Stufen des Vorstellens aus
den Stufen des Willens. Doch folgt Frauenstädt nicht überall
sklavisch den Lehren des Meisters, sondern prüft sie kritisch,
ändert sie und geht nach seinem Vermögen über sie hinaus. Der
Wille ist nach Schopenhauer im Menschen und Tier im wesentlichen
gleich. Was beide unterscheidet, liegt im Intellekt. Frauenstädt
berichtigt dies dahin, daß er lehrt, der intellektuelle Unterschied
zwischen Mensch und Tier folge erst aus dem Unterschied im Willen.
Im bloßen Willen freilich sind alle Geschöpfe ähnlich. Doch macht
nicht der leere Wille das eigentliche Wesen einer Erscheinung aus,
sondern die besondere Eigenschaft des Willens, die eigentliche Richtung und das Ziel seines Strebens. Denn einen leeren Willen
gibt es gar nicht. Der Inhalt des Willens ist aber beim Menschen
wesentlich von dem des Tieres verschieden. Schopenhauer sagt,
weil das Gehirn, das physische Organ des Erkennens, mit dem
Tode zerfalle, müsse auch das Erkennen zerstört werden. Frauenstädt bestreitet dies, indem er nachzuweisen versucht, daß der Er-
kenntniswille ebensowenig wie der Lebenswille dem Tode unterworfen sei. Der Intellekt hat ewige Dauer wie der Wille, nicht
der des einzelnen, sondern der allgemeine Intellekt. Schopenhauer
behauptet ferner, daß der Wille als Ding an sich nicht an Raum,
Zeit und Vielheit gebunden sei, daß dies nur Formen seiner Ob-
jektivierungen seien, in denen er dann erscheine. Aus der Voraussetzung, daß die Naturstufen Objektitäten des Willens seien,
folgert Frauenstädt dagegen, daß ihm auch die Formen dieser nicht
fremd sein können. Es kann weder in jeder einzelnen Objektiva-
tionsstufe, noch weniger in jedem Individuum der gesamte Wille

gegenwärtig sein. Vielmehr ist in jedem nur ein Teil oder ein Glied des Ganzen enthalten. Wenn schon im Stein der ganze Wille sich darstellte, so wäre kein Grund zu einer besonderen Verwirklichung in der Pflanze und im Tier vorhanden. Die Einheit und Unteilbarkeit des Weltwillens besteht vielmehr darin, daß er das einheitlich Umfassende seiner sämtlichen abgestuften und individualisierten Erscheinungen ist. Frauenstädt ist weiterhin der Ansicht, daß Schopenhauer durch seine Lehre von der Verneinung des Willens in das kosmogonische Philosophieren, das er selbst so energisch verwirft, zurückgefallen sei. Er erkennt auch den Schopenhauerschen Satz: „Der Wille ist nie Ursache"[1] nicht an, sondern meint, der Wille sei stets Ursache. Wenn Schopenhauer glaubt, daß der Intellekt den Willen in der ästhetischen Betrachtung aufhebe, so ist dagegen zu sagen, daß nicht der Intellekt, sondern der objektive Wille den subjektiven anhebe. Dadurch gewinnt der objektive, auf die Idee gerichtete Wille die Herrschaft über den subjektiven, der auf persönliche, selbstsüchtige Zwecke gerichtet ist.

Selbständiger Philosoph und Anhänger des metaphysischen Voluntarismus Schopenhauers war auch Julius Bahnsen. Er ist Schopenhauer am meisten geistesverwandt und ohne Zweifel sein eigenartigster Schüler. Nach ihm ist das einzig Reale der vernunftlose Wille, sofern er in die einzelnen Erscheinungen übergegangen ist. Ihr unveränderliches Wesen ist ihr intelligibler Charakter. Im Kampf des Lebens treten die zahllosen Einzelwillen zu einander in scharfen Gegensatz. Infolgedessen tritt uns im Leben eine beständige Gegnerschaft gegenüber. Schon in unserm Innern ist der Wille oft mit sich selbst in lebhaftem Widerspruch. Daraus folgert Bahnsen, daß das Weltgesetz ein tragisches genannt werden müße. „Der Wille ist im tiefuntersten Grunde doch einer — und darum — hört er nicht auf, sich zu sehnen nach einer aus der Zweiheit sich zusammenschließenden Verwirklichung einer der metaphysischen Einheit entsprechenden phänomenalen faktischen Einigung"[2]. Daß der Wille nicht still steht, liegt in seinem Wesen, das sich zu Mittel-, Zwischen- und Endzwecken auseinander legt. „Zu dieser Selbstgruppierung des eben in sich nicht leeren Willens bedarf es keiner ihm wesensfremden, jemals auch nur in gedachter Eigenständigkeit neben oder außer ihnen

---

[1]) Schopenhauer, sämtliche Werke, Bd. I, S. 199.
[2]) Das Tragische als Weltgesetz, S 5.

vorhanden gewesenen Idee, sondern einzig und allein der Aus=
einander= und Nachaußensetzung (Projizierung) dessen, was schon
von jeher ein in ihm Liegendes war"¹). Auch durch Motive
kommt nichts in den Willen, was nicht bereits in ihm vorhanden
war. Bahnsen erkennt die Zweiheit von Wille und Vorstellung
nicht an, sondern lehrt nur einen in ewiger Selbstentzweiung zu
endloser Qual an sich selber zehrenden Willen. Nach ihm ist der
Wille der Inbegriff des ganzen Weltgrundes „als absolutes
principium essendi wie als causa existendi fiendique"²). Dieser
Wille ist aber von vornherein in individualistischer Vielheit gegeben,
auch in qualitativer Vielheit. Das Weltendasein tritt in dem
unendlichen Raum als eine unendliche Summe verschiedenartig
wollender Individuen uns entgegen. „Was dem einen vollständigste
Befriedigung gewährt, bleibt ja für einen anderen völlig reizlos,
und, was den einen durchaus gleichgültig läßt, versetzt ja den
anderen in die allerhöchste Wonne"³). Gerade dadurch, daß
Bahnsen den Willen zum einzigen Weltprinzip erhebt, glaubt er,
mit einem Schlage die alte leidige Antinomie des Verhältnisses
von Funktionen und Funktionierendem aus der Welt schaffen zu
können. Doch er setzt uns nicht auseinander, wie bei solcher
Zerrissenheit des Weltwillens von einer metaphysischen Einheit
gesprochen werden kann. Er deutet in den Individuen ein Sehnen
zur Einheit an, ohne darzulegen, woher solche Sehnsucht zu
erklären sei, und was sie dann im Weltganzen bedeute. Merk=
würdig klingt auch seine Behauptung, daß Harmonie nur in der
einen Tatsache gefunden werde, daß alles Seiende disharmonisch
ist. Er geht gar nicht auf die Zweckmäßigkeit im Aufbau der Natur
ein. Bahnsen ist durch und durch Pessimist. Er hört in der
ganzen Schöpfung nur einen unerhörten, grellen Mißklang. Das
Wehe der Welt ist nach seiner Meinung die Absicht des Willens.
Er ist ewig hoffnungslos, ohne Aussicht auf Erlösung⁴). Bahnsen
hat den Blick für die universelle Großartigkeit des Weltendaseins
vollständig verloren. Darum klagt er in schrillen Tönen: „Also
weiter! Weitergepeitscht in ausgangslosem „Kreislauf über glühende
Kohlen" im Tretrab der Trauer, in der Rennbahn der Tragik.

¹) Zur Philosophie der Geschichte, S. 12.
²) „   „   „   „   S. 80.
³) Zum Verhältnis zwischen Wille und Motiv, S. 15.
⁴) Zur Philosophie der Geschichte, S. 33, f.

Denn ob diese auch Licht schaffen kann, so doch nimmer Erlösung"[1]). Sein besonderes Verdienst ist die scharfe Ausbildung einer Charakterlehre. Die menschliche Sprache hält er für ein psycho= logisches Willenserzeugnis. Sein Voluntarismus ist trotz allem wesentlich metaphysischen Charakters.

Wir kommen zu Alfons Bilharz Auch er wandelt in Schopenhauers Bahnen. Als den allein richtigen Standpunkt der Weltbetrachtung lehrt er den heliozentrischen. Er betrachtet auch die Physik vom Standpunkt der Willensphilosophie. Ein Kraft= begriff soll immer einem Willensbegriff gleich sein. Die Anziehungs= kraft sei, so lehrt er, im Wesen dasselbe wie die Liebe; alle Kraft entspreche im Grunde dem Willen. „Kraft ist der von außen gesehene Wille, Wille die von außen gesehene Kraft, beide voll= ständig koordiniert, aber von einander verschieden wie Körper und Fläche"[2]). Ohne große Umstände führt er den Kraftbegriff in die Seelenlehre, den Willensbegriff in die Physik ein Und so gelingt es ihm, Kraft und Willen mit Hilfe der Gleichung $w = k$ auf eine Formel zu bringen: $k = \frac{s}{t}$, d. h. der Begriff der Kraft (Geschwindigkeit) entspricht dem in der Zeiteinheit zurückgelegten Weg; er ist also „die Grundgleichung aller Wissenschaft"[2]). $w = \frac{s}{t}$, nun hat er für k nur w gesetzt, also ist auch der Wille gleich dem in der Zeiteinheit zurückgelegten Weg[3]). „Aller Wille, der nicht unser eigener ist, nicht dem erkennenden Subjekt selbst angehört, aller objektive Wille erscheint uns durch die Form der Kausalität, welche die gesamte äußere Erfahrung beherrscht als Kraft, und da außerdem nichts ist, so geht hieraus die Identität von Wille, Kraft und Materie hervor, welche Worte eins und dasselbe, nur von verschiedenen Gesichtspunkten aus betrachtet, bezeichnen ... Es ist der einzige Begriff der Verstandessprache, der dem Begriff Willen entspricht"[4]). Bilharz glaubt, alles Wissen auf jene Formel zurück= führen zu können und beleuchtet sie scharfsinnig in allen möglichen mathematischen Verbindungen. Er läßt außer dem Willen oder der Kraft gar nichts weiter bestehen. Raum und Zeit werden zu ausschließlichen Formen sinnlicher Erkenntnis. So kommt er zu folgendem Schema[5]):

---

[1]) Das Tragische als Weltgesetz, S. 53.
[2]) Der heliozentrische Standpunkt der Weltbetrachtung, S. 84.
[3]) „   „   „   „   „   S. 110.
[4]) „   „   „   „   „   S. 83.
[5]) „   „   „   „   „   S. 85.

Eleatisches Sein = reines Sein.

Subjektives Sein (Wille) (zu ihm gehören Raum, Zeit, Kausalität).	Objektives Sein (ist dem Wesen nach mit dem subjektiven Sein identisch, also Wille, erscheint dem erkennenden Subjekt als Kraft).

„Dies ist der ganze Inhalt der Metaphysik"[1]). Wir erkennen in Bilharz einen konsequenten Schüler Schopenhauers, der jedoch u. a. darin von seinem Meister abweicht, daß er einen subjektiven und objektiven Willen unterscheidet.

Hier ist der Ort, noch zweier Anhänger Schopenhauers Erwähnung zu tun, die, ohne Fachgelehrte zu sein, dennoch mit großem Eifer das Willensproblem des Frankfurter Philosophen durchdacht und z. T. fortgebildet haben: Karl Peters und Robert Hamerling.

Karl Peters, der bekannte Afrikaforscher, veröffentlichte 1883 die Schrift „Willenswelt und Weltwille." In diesem Werk hat er den Atheismus seines Lehrers zu einem „pantheistischen Theismus" umgewandelt. Es gelang ihm dadurch, daß er den willensphilosophischen Gedanken mit dem teleologischen vereinigte. Auf realistischer Basis konstruierte er dann aus dieser Vereinigung eine teleologische Weltanschauung. Wille und Vorstellung gehören nach seiner Meinung zusammen. Zum Begriff des Wollens schließen sich folgende Bestandteile aneinander[2]): 1. Die Vorstellung eines Ich, 2. die Vorstellung eines Nicht=Ich, 3. die Vorstellung irgend einer Beziehung zwischen Ich und Nicht=Ich. Das Wollen trägt also ein Vorstellen schon in sich. „Die ganze Welt, um wollend zu sein, muß zugleich auf allen ihren Stufen als vorstellend und bewußt proklamiert werden"[3]). Unter Hinweis auf Schopenhauers Darlegungen führt er aus, daß alle Erscheinungen der Natur im wesentlichen den von außen gesehenen Handlungen der Menschen ähnlich sind. „Wie die Schwerkraft, so wird nun jeder andere Naturvorgang in letzter Linie auf ein ganz bestimmtes Wollen in den Dingen, welches im letzten Grunde dem unseren analog ist, zurückgeführt werden können: Das nimmer ruhende Spielen und Balanzieren der physikalischen

---

[1]) Der heliozentrische Standpunkt der Weltbetrachtung, S. 85.
[2]) Willenswelt und Weltwille, S. 296.
[3]) „   „   „   S. 298.

Kräfte, das rätselhafte Haschen und Fliehen der chemischen Elemente, das ganz spezifische Auswählen der Stoffe und das Hindrängen zum Licht in der Pflanzenwelt und endlich die Entfaltung des tierischen Daseins — alles das weist, sobald man es sich seiner eigentlichen Bedeutung nach vergegenwärtigen will, mit zwingender Evidenz immer wieder auf einen Vorgang hin, der den Regungen unseres eigenen Willens entspricht"[1]). Zwar stehen alle Individuen der gesamten Welt unter dem zwingenden Gesetz der Kausalität: aber „in sich fühlen sie alle sich frei   Freiwillig strebt der Stein zur Erde; freiwillig verbindet sich der Sauerstoff mit dem Kohlenstoff; freiwillig streben die polaren Gegensätze der Elektrizität zur Vereinigung; aus eigenstem Wollen drängt die Pflanze zum Licht, jagt das Raubtier seiner Beute nach . . . Aber in der Tatsache, daß sie alle aus einem, ihnen selbst unerklärlichen Grundtriebe, der ihnen von Natur eingepflanzt ist, gerade dies und dies Bestimmte wollen müssen, — in dieser Tatsache liegt das Band, das unzerreißbar ein jedes Individuum an eine höhere Gewalt bindet"[2]). Diese höhere Gewalt ist der allem Individuellen zu Grunde liegende Weltwille. Peters erhebt ihn in vollkommen metaphysische Regionen, läßt ihn allweise und allmächtig, raum- und zeitlos sein. Er nennt ihn den „All-Einen", der das ganze Weltall in sich trägt. Die Welt vergleicht er mit einer gewaltigen Pyramide voller Leben, „von deren Spitze aus, dem All-Einen, die Daseinsfülle durch das Ganze hindurch flutet"[3]). Der Pulsschlag lebendigen Wollens zuckt infolge der ewigen, in Gott liegenden Ideen durch die Welt. „Das All ist von einem tiefen, tiefen Heimweh durchzittert zu dem All-Einen, zur Vereinigung mit dem Ewigen   . und zu ihm zurück, in die Fülle seines unendlichen Wesensreichtums wieder einzugehen, das ist die Bestimmung, die dem Individuum geworden ist"[4]). Der Gesamteindruck der lebenswarmen Darstellung Peters' ergibt einen metaphysischen Voluntarismus in engem Anschluß an Schopenhauer.

Robert Hamerling, der Dichter und Philosoph, hat sich lange Zeit mit dem Problem des Voluntarismus beschäftigt und das Ergebnis seines Nachdenkens in dem Buche: „Atomistik

---

[1]) Willenswelt und Weltwille, S. 300.
[2])   „   „   „   S. 305.
[3])   „   „   „   S. 303.
[4])   „   „   „   S. 346.

des Weltwillens" niedergelegt. Er tritt auch auf die Seite des metaphysischen Voluntarismus, wenn er es auch bisweilen schüchtern bestreitet. Der Ausdruck „Wille" ist nach seiner Meinung zur Bezeichnung der allem Sein und Wesen innewohnenden Triebkraft durchaus geeignet. Durch diese Kraft bejaht und behauptet sich das Sein. „In philosophischem Sinne ist der Wille geradezu der Lebenswille, der Daseinstrieb, die Daseinslust, derselbe Lebenswille, der sich auch im Kampf ums Dasein betätigt")[1]. Er nennt diesen Trieb den mächtigsten Hebel aller Entwicklung, allen Fortschritts. Auch der ästhetische Trieb hängt in seiner tiefsten Wurzel mit dem Lebenswillen zusammen Es besteht nach seiner Ansicht zwischen Trieb und Wille nur der Unterschied, daß jener unbewußt, dieser bewußt ist. Daraus folgert er das Recht, den Trieb einen unbewußten Willen nennen zu dürfen. Wir hören aus diesen Darlegungen deutlich den Einfluß von Hartmanns heraus.

Die Reihe der Anhänger Schopenhauers mögen zwei Philosophen schließen, die aus innerster Überzeugung zur Lehre des großen Pessimisten sich bekannt haben und für die Fortsetzung seiner Weltauffassung nicht unbedeutend gewesen sind: Paul Deußen und Philipp Mainländer.

Des ersteren Werk, mit dem er hier in Betracht kommt, heißt: „Die Elemente der Metaphysik". In ihm sieht er den Willen als die treibende Kraft für alles an. Wie sehr er sich an Schopenhauer anschließt, dafür legen folgende Worte Zeugnis ab: „Intimer zwar als diese ganze Welt ist uns der Intellekt, in welchem und durch welchen alle ihre Erscheinungen sich uns darstellen; aber es gibt eins, was uns noch intimer ist als unser Intellekt, und das sind wir selbst. In unserem eigenen Innern, wenn irgendwo, muß daher der Schlüssel liegen, der uns das innere Verständnis der Natur eröffnet. Hier fand ihn Schopenhauer. Keines Bildners Meißel, keines Dichters Hymnus vermag es, ihn würdig dafür zu feiern"[2]. Des näheren zeigt er, wie die Betrachtung der Dinge von außen auf subjektivem (Kant) oder objektivem Wege (Naturforschung) schließlich zu einem Unergründlichen (dem Ding an sich, der Affektion, der Kraft) führt, dem mit Hilfe der äußeren Erfahrung nicht beizukommen ist; „denn wohin wir uns auch wenden, um das Ding an sich zu fassen,

---

[1] Atomistik des Weltwillens, S. 264.
[2] Die Elemente der Metaphysik, S. 58.

immer stehen zwischen ihm und uns als trübendes Medium die angeborenen Formen unseres Intellekts und zeigen uns, wie es in Raum, Zeit und Kausalität erscheint, nicht aber, wie es an sich ist"[1]). Nur mit Hilfe der inneren Erfahrung kommen wir zur rechten Erkenntnis. Und sie vermittelt uns der Wille. Es ist ein und dieselbe Kraft, welche sich in den willkürlichen Bewegungen der Glieder, in den unwillkürlichen Lebenserscheinungen offenbart, denn „der Grundcharakter jeder Naturkraft ist das Streben, sich der Materie zu bemächtigen"[2]). Diese Kraft ist aber „bekannter als irgend etwas auf der Welt unter dem Namen Wille".[3]) Er scheidet zwischen einem bewußten und unbewußten Willen, „herab= steigend in der Stufenleiter der organischen Wesen sehen wir das bewußte, willkürliche Leben immer mehr zurücktreten gegen das unbewußte Wirken des Willens, bis ersteres endlich ganz ver= schwindet"[4]). Auch die physikalischen, chemischen, organischen Natur= kräfte faßt er mit dem Namen „Wille" zusammen. Jede Erscheinung des Universums löst sich in Willen auf. Darum lautet der letzte Schluß der metaphysischen Weltbetrachtung: „Alles ist Wille"[5]). Deußen deckt die Entwicklung des Willens in der Natur von der Pflanze über das Reich der Tiere bis zum Menschen auf; er zeigt wie der Wille es ist, der die willkürliche Bewegung und schließlich auch den Intellekt sich schafft. Ständig bleibt er bemüht, zur Erhärtung der Wahrheit seiner Behauptungen Stellen aus den indischen und hebräischen Schriften heranzuziehen. Auch darin ist er seinem Meister ein getreuer Schüler, daß für ihn der Tod der Eingang in das Reich der Verneinung ist, „in der Bibel βασιλεία τῶν οὐρανῶν, von den Indern Nirwana genannt, welcher Aus= druck „erlöschen" und zugleich „Seligkeit" bedeutet"[6]).

Philipp Mainländer[7]) schrieb eine „Philosophie der Er= lösung", in der er den Pessimismus radikal fortsetzte. Für ihn ist der Wille zum Leben ebenfalls der Schlüssel, der das Innere der wissenschaftlichen Probleme erschließt. „Mehr aber als die Erkenntnis, daß das dem Objekt zu Grunde liegende Ding an sich eine Kraft

---

[1]) Die Elemente der Metaphysik, S. 61.
[2])   „   „   „   S. 64.
[3])   „   „   „   „   S. 65
[4])   „   „   „   „   S. 67.
[5])   „   „   „   „   S. 74
[6])   „   „   „   „   S. 184
[7]) Pseudonym für Philipp Batz

von einem bestimmten Umfang und mit einer bestimmten Bewe=
gungsfähigkeit ist, kann auf dem Wege nach außen nicht erlangt
werden ... Aber der Weg nach außen ist nicht der einzige, der
uns geöffnet ist. Wir können bis in das innerste Herz der
Kraft eindringen; denn jeder Mensch gehört zur Natur, ist selbst
eine Kraft und zwar eine selbstbewußte Kraft. Das Wesen der
Kraft muß im Selbstbewußtsein zu erfassen sein .. Was ist nun
die im Kern unseres Wesens sich entschleiernde Kraft? Es ist der
Wille zum Leben ... Wir wollen da sein, immer da sein; weil
wir das Dasein wollen, verbleiben wir im Dasein. Der Wille
zum Leben ist der innerste Kern unseres Wesens"[1]). Mainländer
erklärt die gesamte Natur aus dem individuellen Willen zum Leben,
den er als Bewegung auffaßt. Er glaubt, damit die Trennung
des immanenten vom transzendenten Gebiet, bezw. Gottes von
der Welt und der Welt von Gott vollzogen zu haben. Auch die
gesamte Ästhetik ist nur der besondere Zustand des menschlichen
Willens, der unabhängig vom Subjekt, Ding an sich, abhängig
von ihm, Objekt ist. In der Ethik führt er aus, daß der Wille
zwar Wahlfreiheit hat, aber niemals vollkommen frei ist, sondern
daß alles in der Welt mit Notwendigkeit geschieht. Da Mainländer
das gesamte Dasein als eine Kette von Leiden auffaßt, sieht er in
der Verneinung des Willens zum Leben die Erlösung. Die ganze
Welt hat nur ein Ziel, das Nichtsein. Jedes Einzelwesen zerstört
sich in seinem Entwicklungsgang allmählich ganz von selbst, sodaß
seine Sehnsucht nach Vernichtung erfüllt werden kann. Die ganze
Welt erscheint als Wollen zum Tode. Alles, was zur Beschleunigung
der Erlösung beiträgt, heißt er gut. Deshalb fordert er Virginität.
„Nun aber soll der Wille nicht mehr bloß den Tod verachten,
sondern er soll ihn lieben; denn Keuschheit ist Liebe zum Tode"[2]).
Darin erblickt er die höchste Wahrheit und meint, sie liege im Kern
des Christentums ausgesprochen[3]). In dem Abschnitt „Politik"
versucht Mainländer den Nachweis, daß die Entstehung der Menschen
aus dem Reich der Tiere der Ausdruck der tiefen Sehnsucht des
Willens nach einer neuen Bewegungsart ist. In interessanten
Ausführungen geht er auf die verschiedenartige Entwicklung des
des menschlichen Willens ein. Mit besonderem Interesse verweilt

---

[1]) Die Philosophie der Erlösung, S. 42 ff.
[2]) „ „ „ „ S 216.
[3]) 1. Corinther 7, 1; Lucas 20, 34—36; Offenb. Johannis 14, 4 u. a.

er bei der buddhistischen Lehre und der Lehre Christi. Mainländer ist durchaus metaphysischer Voluntarist. Er unterscheidet sich von Schopenhauer besonders darin, daß er als wesentliche Eigentümlichkeit des Willens die Bewegung ansieht, die er auch im Intellekt erkennt, und daß er das Motiv des Lebens in der Absicht erblickt, das Ziel des Ganzen schneller zu erreichen. „Wille und Leben sind nicht zu trennen, nicht einmal im Gedanken. Wo Leben ist, ist Wille; wo Wille, da ist Leben. Die Bewegung des Willens ist eine unbedingt rastlose ... So eilt jedes Individuum ... rast= und ruhelos weiter, herumgeworfen zwischen Befriedigung und Begierde, immer wollend, lebend, sich bewegend"[1]).

Wir gehen nun zu einer Reihe von Denkern über, die — obwohl sie der Hauptarbeit ihres Lebens nach auf intellektualistischer Seite stehen — doch selbständig über den Voluntarismus nach= gedacht haben. Sie haben sich dabei bemüht, mehr oder minder der herrschenden Bedeutung des Willens gerecht zu werden.

Als erster sei Wilhelm Vatke genannt. Er war ursprüng= lich Hegelianer, schwenkte später mehr zur voluntaristischen Seite hinüber. Durch sein Hauptwerk: „Die menschliche Freiheit in ihrem Verhältnis zur Sünde und zur göttlichen Gnade" wurde er weiteren Kreisen bekannt. Er stellte den Willen als die umfassende Allgemeinheit und treibende Kraft der Bewegung dar und spricht die Überzeugung aus, daß der Wille das herrschende Prinzip alles Seins von den unbestimmten allgemeinen Anfängen bis zu den lebensvollen Gestalten ist. Im ersten Abschnitt handelt er vom Willen an sich. Die beiden anderen besprechen die subjektive oder religiös=moralische und die objektive oder sittliche Sphäre des Willens und ihre Beziehungen zu einander. Er lehrt den Willen als Selbstbestimmung, Spontaneität oder Freiheit. Nur den ver= nünftigen Wesen kommt der Wille zu. Er läuft verschiedene Stufen der Entwicklung durch: Die Selbstbestimmung, Wahlfreiheit und konkrete Freiheit. Im Willensakt setzt sich das wählende und beschließende Ich mit dem Trieb gleich. Beide vereinen sich in der Willkür oder Wahlfreiheit. Dadurch gewinnt das Subjekt das Bewußtsein der Freiheit und erhält konkreten Inhalt im Selbstbe= wußtsein. „Dieser Inhalt, welcher dem Ich im Unterschied von dem unmittelbaren Inhalt des Subjekts überhaupt angehört und

---

[1]) Die Philosophie der Erlösung, S. 502.

seinen geistigen und freien Kern bildet, wächst mit der allmählichen theoretischen und praktischen Überwindung dieses gegenständlichen Inhalts, bis das ganze Gebiet desselben erobert ist und der Wille damit aus seiner endlichen Erscheinung auf den Standpunkt der Idee, der Einheit des Begriffs und seiner Realität, übertritt"[1]). Die subjektive Seite des Willens umfaßt die Persönlichkeit, die objektive schließt das vernünftige System der Freiheit im rechtlichen, sittlichen und kirchlichen Leben in sich. In Ansehung des Verhält= nisses der menschlichen Freiheit zur Wirksamkeit Gottes lehrt er, daß alles Gute im Menschen durch den Willen Gottes vermittelt werde. Auch Vatke ist zu den Vertretern des metaphysischen Vo= luntarismus zu rechnen, wenngleich derselbe stark theologisch ge= färbt ist.

Für Immanuel Hermann Fichte, den Sohn des großen Philosophen, ist der Trieb ein Teil der Seele überhaupt. Das Willensproblem wird von ihm in seiner zweibändigen „Psychologie" vom psychologischen Standpunkt aus erörtert. Als Willensphänomen ist der Trieb der einfachste und ursprünglichste Akt der Seele. Eine bestimmte Willensrichtung nennt er Interesse. Vorstellungen und Gefühle sind abhängig von den Trieben. Die Aufmerksamkeit ist der auf das zu Beobachtende gerichtete Trieb oder Wille. Hört die Aufmerksamkeit auf, als Bewußtseinsquelle zu wirken, dann wird die Vorstellung dunkel. Wird ein im objektiven Wesen des Geistes liegender Trieb gefördert oder gehemmt, dann entsteht als unwillkürliches Bewußtsein das Gefühl. Sein Inhalt ist nur das gemeinschaftliche Erzeugnis von Trieb und Reiz. Der Wille kann als die Grundeigenschaft des Geistes bezeichnet werden, die sich allen äußeren Eindrücken gegenüber auf ganz eigentümliche Weise zustimmend oder ablehnend verhält. Auch das Erkennen sieht Fichte „als den durch das Bewußtsein irgend eines objektiven, zum Stillstand gebrachten Willens an"[2]) „Das Bewußtsein erzeugende Grundvermögen des Geistes läßt sich in zwei Tätigkeitsweisen spalten, Erkennen und Wollen, das Fühlen ist immer der unwill= kürliche Begleiter oder Nebenerfolg beider"[3]). Es ist der Trieb oder Grundwille, der in den Mittelpunkt des Geistes zurückreicht. Der Ausdruck „Begehrungsvermögen" ist zu eng; Wille ist ihm

---

[1]) Die menschliche Freiheit .. S. 84.
[2]) Psychologie, Bd. I, S. 259.
[3])   „   Bd. I, S. 227; Bd. II, S. 136.

der paſſende Ausdruck für die Fähigkeit des Geiſtes, ſeinen ange=
borenen Zuſtand zu verändern oder ihn gegen eine eintretende
Veränderung feſtzuhalten. Er befähigt uns, uns „auf Anlaß
äußerer Anregung ſelbſt zu beſtimmen und innerlich zu determi=
nieren, der Grund aller Zuſtände und Veränderungen im Geiſte
zu ſein und, über ſeine ſubjektive Sphäre hinübergreifend, auch
das Objektive als von ſich abhängig zu ſetzen"[1]). Das bewußte
Wollen oder der beſtimmte einzelne Willensakt „iſt nur eine Be=
ſonderung aus jenem fortdauernden Grunde allgemeiner Selbſtbe=
ſtimmung"[2]). Fichte ſtellt den ſelbſtbewußten Willen als die höchſte
Entwicklungsſtufe des Grundwillens hin. Obwohl er im weſent=
lichen die voluntariſtiſche Frage pſychologiſch erörtert, betritt er
doch zuweilen metaphyſiſche Bahnen und nimmt z. B. eine vorb e=
wußte Vernunft im Inſtinkt an.

Mit ſeiner Unterſuchung: „Leib und Seele" verdient Ulrici
hier eine Stelle. Er iſt vollkommener Anhänger des pſychologiſchen
Voluntarismus. Das offenbart ſich beſonders in folgenden Worten:
„Die Vorſtellungen ſind nur das Material, das die Phantaſie zu
ihren Produktionen braucht. Die Anregung zu ihrer Tätigkeit,
Impuls und Richtung empfängt ſie vielmehr von jenen beiden
Trieben der menſchlichen Seele und von der ihrer Befriedigung
folgenden Luſt, auf die uns bereits die Betrachtung der gemeinen
Einbildungskraft geführt hat: 1) Der Luſt am Ungewöhnlichen,
Außerordentlichen, Überwirklichen; 2) dem Vergnügen an jedem
vollſtändigen, wohlgegliederten, harmoniſchen Ganzen. Beide Triebe
wirken zuſammen bei der Erzeugung und Ausbildung der menſch=
lichen Ideale"[3]). Wie Fichte und Fortlage ſtellt auch Ulrici die
Bedeutung des Trieblebens in den Vordergrund. Er iſt überzeugt,
daß im Grunde alles Leben, das leibliche und ſeeliſche, auf
immanenten Trieben aufgebaut iſt. Aber während Fortlage eine
beſondere Erklärung der Triebe unterläßt, geht Ulrici auf ihr
Weſen ausführlich ein. Er führt es zunächſt auf den Begriff der
Kraft zurück. Scharfſinnig erkennt er aber ſchon ein zweites
Moment, das in den Begriff des Triebes hineingelegt werden
muß, um ihn als Grundkraft der organiſchen Natur von den
wirkenden Kräften des unorganiſchen Seins zu ſondern. Das iſt

---

[1]) Pſychologie, Bd. I, S. 223. f.
[2]) „   Bd. II, S. 132.
[3]) Leib und Seele, S. 560

das Moment des Bedürfnisses. Noch einen dritten Bestandteil deckt er im Begriff des Triebes auf. In der Abhängigkeit vom Naturganzen liegt eine Bedingtheit, die sich nicht nur als Leiden, sondern auch als Kraft und Tätigkeit äußert. Diese Aktivität befähigt die Wesen, die Bedingungen ihres Seins sich selber zu schaffen. Dadurch wird die Bedingtheit zur Selbstbedingung. Nun erst ist der Begriff des Triebes vollkommen erschöpft.

Wir haben gesehen, wie der Voluntarismus sich im 19. Jahrhundert zu großen metaphysisch-ethischen Systemen ausgebildet hat, deren gewaltigstes und wirksamstes unzweifelhaft Schopenhauers Willensmetaphysik ist. Sowohl die ethische wie die metaphysische Seite dieser Lehre ist noch mannigfach fortgebildet worden. Für die Geschichte der Wissenschaft ist aber wohl die Linie, die von Schopenhauer zu Wundt führt, von der größten Bedeutung. Sie bezeichnet die Richtung, in der sich aus dem metaphysischen ein psychologischer Voluntarismus entwickelte, und dieser Prozeß fällt mit der Entstehungsgeschichte der modernen Psychologie überhaupt zum großen Teil zusammen.

Die wissenschaftliche Psychologie hatte etwa gleichzeitig mit Schopenhauers Auftreten durch Herbart ihr methodisches Fundament empfangen und folgte zunächst den von ihm gewiesenen Bahnen mit steigendem Erfolge, besonders auf dem Gebiete der pädagogischen Psychologie und psychologischen Didaktik. Um sich die Bedeutung Schopenhauers für die moderne Psychologie klar zu machen, muß man sich immer gegenwärtig halten, daß dem Eindringen seiner Gedanken die Phalanx der Herbartschen Psychologie, eine bekenntnistreue, vielfach buchstabengläubige Schar, entgegenstand.

Herbart hatte scharfsinnig erkannt, daß die alte Vermögenslehre, die durch Wolff kanonisch geworden war, mit der Einfachheit und Einheit der Seele nicht zusammen bestehen konnte. Darum bekämpfte er sie mit äußerster Energie, und zwar vor allem auch deshalb, weil ihm die Methoden der Naturwissenschaft als Ideal der neu zu begründenden psychologischen Wissenschaft vorschwebten. Die Wissenschaftlichkeit der Psychologie erschien ihm nur so erreichbar, daß auch sie auf letzte einfache und unveränderliche Elemente (wie die Atome) und deren Gesetze zurückgeführt würde. Als solche Elemente stellte er die Vorstellungen hin und versuchte nun, deren Verhalten zu einander mathematisch zu erfassen. Die Konsequenz

5

seines großartigen Baues erforderte es, daß auch der Wille als eine bestimmte Kombination von Vorstellungen aufgefaßt wurde. Dadurch geriet natürlich das Gefühls= und Triebleben ganz in den Hintergrund. Schopenhauers Metaphysik mit ihrer krassen Ver= selbständigung des Willens bedeutet nun den direkten Gegenpol zur Herbartschen Psychologie. Man kann die Entwicklung der modernen Psychologie als den Kampf dieser beiden Tendenzen auffassen.

Als das letzte Stadium auf dem Wege zu Wundt muß hier Lotze genannt werden. Durch seine feinsinnigen Forschungen hat er auch dem psychologischen Voluntarismus die Wege ebnen helfen. In seinem denkwürdigen Hauptwerk „Mikrokosmos" führt er u.a. aus, daß Vorstellen, Fühlen und Wollen gar nicht von einander zu trennen sind. Dem Willen legt er durchaus selbständige Be= deutung bei. „Welche Gefühle das Gemüt beherrschen mögen, sie bringen nicht ein Streben hervor, sondern werden nur zu Beweg= gründen für ein vorhandenes Vermögen des Wollens, das sie in der Seele vorfinden"[1]). Lotze bezeichnet es als ein Vorurteil der Herbartschen Schule, die Natur des Wollens auf ein bloßes Wissen zurückzuführen.

Der noch rüstig schaffende, nimmer kampfesmüde Vertreter des psychologischen Voluntarismus Wilhelm Wundt bekennt, daß er durch die experimentelle Methode zum Voluntarismus gekommen sei. „Wenn ich aber gefragt würde, worin für mich der psychologische Wert der experimentellen Beobachtung bestanden hat und noch besteht, so würde ich antworten, daß sie in mir eine völlig neue Anschauung von der Natur und dem Zusammenhang der seelischen Vorgänge erzeugt und immer mehr befestigt hat. Als ich zum ersten Mal an psychologische Probleme herantrat, teilte ich das allgemeine, dem Physiologen naheliegende Vorurteil, daß die Bildung der Sinneswahrnehmungen lediglich ein Werk der physiologischen Eigenschaften unserer Sinnesorgane sei. Ich lernte zuerst an den Leistungen des Gesichtssinnes jenen Akt schöpferischer Synthese begreifen, der mir allmählich der Führer wurde, um auch der Entwicklung der höheren Phantasie= und Verstandesfunktionen ein psychologisches Verständnis abzugewinnen, für das mir die alte Psychologie keine Hilfe geboten hatte. Als ich dann an die Untersuchung der zeitlichen Verhältnisse des Verlaufs

---

[1]) Mikrokosmos, S. 201.

der Vorstellungen heranging, eröffnete sich mir ein neuer Einblick in die Entwicklung der Willensfunktionen, der äußeren aus den inneren, der zusammengesetzten aus einfachen, ein Einblick zugleich in den engen Zusammenhang aller der durch künstliche Abstraktionen und Namen, wie Vorstellen, Fühlen, Wollen, geschiedenen psychischen Funktionen, mit einem Wort in die Unteilbarkeit und auf allen seinen Stufen innere Gleichartigkeit des geistigen Lebens"[1]). Wundt hat einen gewaltigen Anstoß zur Vertiefung der Analyse der Tatsachen im Seelenleben gegeben und damit die moderne psycho= logische Forschung auf ganz neue Grundlagen gestellt. Für Wundts Auffassung des Seelenlebens ist der Willensvorgang das Grund= legende, das Bestimmende. In seiner Steigerung geht er die einzelnen seelischen Vorgänge forschend durch und endet beim Umfassendsten, dem Willen. Gefühle und Affekte gehören in seiner Psychologie mit dem Willen eng zusammen. Wundt spricht den Gefühlen selbständigen Charakter und dauernden Zustand ab. Bei einem Affekt verbindet sich eine zeitliche Folge von Gefühlen zu einem zusammenhängenden Verlaufe, „der sich gegenüber den voraus= gegangenen und den nachfolgenden Vorgängen als ein eigenartiges Ganzes aussondert, das im allgemeinen zugleich intensivere Wirkungen auf das Subjekt ausübt als ein einzelnes Gefühl"[2]). Die Wirkung und der Charakter eines einheitlichen Ganzen unterscheidet den Affekt vom Gefühl. Ein psychologisches Studium der Affekte ist nur mit Hilfe des Willens möglich. Denn der Wille übt auf ihren Charakter und Verlauf einen maßgebenden Einfluß aus. Die Affekte können in eine plötzliche Veränderung des Vorstellungs= und Gefühlsinhalts übergehen. Dann werden sie zu Willens= handlungen. „Der Affekt selbst, zusammen mit dieser aus ihm hervorgehenden Endwirkung ist ein Willensvorgang. Der Willens= vorgang schließt sich demnach in ähnlicher Weise an den Affekt, wie dieser an das Gefühl, als ein Prozeß höherer Stufe an; die Willenshandlung aber bezeichnet bloß einen bestimmten und zwar den für die Unterscheidung von dem Affekt charakteristischen Teil dieses Prozesses. Vorbereitet wird die Entwicklung der Willens= vorgänge aus den Affekten durch jene Affekte, bei denen äußere pantomimische Ausdrucksbewegungen auftreten, die ebenfalls schon vorzugsweise dem Endstadium des Vorgangs angehören, und meist

---

[1]) Philosophische Studien, Bd. X, Erstes Heft, S. 122. f.
[2]) Grundriß der Psychologie, S. 204.

die Lösung des Affektes beschleunigen: So besonders beim Zorn, aber auch bei der Freude, dem Kummer usw. Doch fehlen dabei noch die Veränderungen im Vorstellungsverlauf, die beim Wollen die unmittelbaren Ursachen der momentanen Affektlösung bilden, und die von charakteristischen Gefühlen begleitet sind"[1]). Wundt sondert die eben geschilderten Willenshandlungen als die äußeren von denen, die bloß mit Vorstellungs= und Gefühlswirkungen abschließen. Letztere nennt er innere Willenshandlungen. Die psychologische Grundbedingung der Willenshandlung ist der Gegen= satz der Gefühle. Auch primitive Willensvorgänge gehen auf Unlust= gefühle zurück. „Die Affekte, die aus sinnlichen Gefühlen entstehen, sowie nicht minder die allverbreiteten sozialen Affekte, wie Liebe, Haß, Zorn, Rache, sind auf diese Weise die dem Menschen mit den Tieren gemeinsamen ursprünglichen Quellen des Willens. Der Willensvorgang unterscheidet sich hier von dem Affekt nur dadurch, daß sich an diesen unmittelbar eine äußere Handlung anschließt, die durch ihre Wirkungen Gefühle weckt, welche durch den Kontrast zu den im Affekt enthaltenen Gefühlen den Affekt selbst zum Stillstand bringen. Dabei kann der Eintritt der Willenshandlung entweder direkt oder, was ursprünglich wohl stets der Fall ist, indirekt durch einen Affekt von kontrastierendem Gefühlsinhalt, in den gewöhnlichen, ruhigen Gefühlsverlauf überleiten"[2]). Mit dem Reichtum der Vorstellungs= und Gefühlsinhalte wächst auch das Gebiet der Willensvorgänge. Alle Gefühle enthalten irgend ein Streben oder Widerstreben. Im ganzen Zusammenhang der psychischen Prozesse bedingen sich Vorstellen, Fühlen und Wollen wechselseitig, da sie die zusammengehörigen Glieder eines einzigen Vorganges sind, nämlich des Willensvorganges. Diese, die Willens= handlung unmittelbar vorbereitenden Vorstellungs= und Gefühls= verbindungen, nennt Wundt „Motive des Willens"[3]). In jenen Verbindungen von Vorstellungen und Gefühlen, die wir Motive nennen, kommt übrigens nicht den Vorstellungen, sondern den Gefühlen, also den Triebfedern, die entscheidende Bedeutung in den Vorbereitungen der Willenshandlung zu. Dies geht schon daraus hervor, daß die Gefühle integrierende Bestandteile der Willens= vorgänge selbst sind, während die Vorstellungen nur indirekt,

---

[1]) Grundriß der Psychologie, S. 219.
[2])   „   „   „   S. 221.
[3])   „   „   „   S. 222.

nämlich durch ihre Verbindungen mit den Gefühlen, dieselben beeinflussen. „Die Annahme eines aus rein intellektuellen Er=wägungen entspringenden Wollens, einer Willensentscheidung im Gegensatze zu allen in Gefühlen zum Ausdruck kommenden Neigungen usw. schließt daher einen psychologischen Widerspruch in sich"[1]). Die von einem Motiv bestimmten Willensvorgänge sind für ihn einfache Willensvorgänge. Sie endigen in Bewegungen, die er als Triebhandlungen bezeichnet. In diesen sieht er den wichtigen Ausgangspunkt für die Entwicklung aller Willenshandlungen. Eine Verbindung von Motiven ergibt eine zusammengesetzte Willenshandlung, die Wundt Willkürhandlung nennt. Sobald die Willenshandlung in die Erscheinung tritt, wird sie von dem Gefühl der Tätigkeit begleitet. „Dieses Gefühl der Tätigkeit ist von aus=geprägt erregender Beschaffenheit, und es kann nach den besonderen Willensmotiven in wechselnder Weise von Lust= oder Unlustelementen begleitet sein, die im Verlauf der Handlung sich verändern und einander ablösen können"[2]). „Intellektuelle Einflüsse können Affekte abschwächen, aber niemals vernichten, sind sie doch im Gegenteil vielfach selbst die Quellen eigenartiger Affekte"[3]). Durch eine häufige Wiederholung zusammengesetzter Willensvorgänge von über=einstimmendem Motivinhalt wird der Kampf der Motive erleichtert. „Die in den früheren Fällen unterlegenen Motive treten bei den neuen Anlässen zunächst schwächer auf und verschwinden zuletzt völlig. Die zusammengesetzte ist dann in eine einfache oder Triebhandlung übergegangen."[4]) Wundt leitet das Wesen des Reflex=Vorganges ganz klar aus ursprünglichen Willenshandlungen ab. „Diese regressive Entwicklung bildet einen Bestandteil eines Prozesses, der die sämtlichen äußeren Handlungen eines lebenden Wesens, die Willenshandlungen wie die automatisch=reflektorischen Bewegungen, verbindet. Denn setzt sich die gewohnheitsmäßige Einübung der Handlungen weiter fort, so wird schließlich auch in der Trieb=handlung das bestimmende Motiv immer schwächer und vorüber=gehender. Der äußere Reiz, der ursprünglich die als Motiv wirkende gefühlsstarke Vorstellung weckte, löst, ehe er noch als Vorstellung aufgefaßt werden konnte, die Handlung aus. Auf diese

---

[1]) Grundriß der Psychologie, S. 223.
[2]) " " " S. 227.
[3]) " " " S. 228.
[4]) " " " S. 230.

Weise ist die Triebbewegung endlich in eine automatische Bewegung übergegangen. Je häufiger dieser Prozeß sich wiederholt, um so leichter kann die Bewegung automatisch erfolgen, ohne daß der Reiz auch nur empfunden wird, z. B. in tiefem Schlaf oder bei völliger Ablenkung der Aufmerksamkeit. Dann erscheint die Bewegung als ein rein physiologischer Reflex des Reizes: Der Willensvorgang selbst ist zu einem Reflex-Vorgang geworden ... Es ist nicht unwahrscheinlich, daß die Reflex-Bewegungen der Tiere und des Menschen überhaupt diesen Ursprung haben. Dafür spricht, abgesehen von der erörterten Mechanisierung der Willenshandlung durch Übung, einerseits der zweckmäßige Charakter der Reflexe ... andererseits der Umstand, daß die Bewegungen der niedersten Tiere durchgängig offenbar einfache Willenshandlungen, nicht Reflexe sind".[1] Deutlich und energisch grenzt Wundt die psychologische Erforschung des Willensproblems von allem metaphysischen Beiwerk ab. Der Verlauf eines Vorgangs kann nur dadurch erfahren werden, daß wir ihn genau in der unmittelbaren Erfahrung beobachten. In dieser ist er aber nur ein konkretes einzelnes Wollen, und von diesem wissen wir nur den unmittelbar wahrzunehmenden Vorgang, also nichts Unbewußtes oder „was für die Psychologie auf dasselbe hinauskommt"[2]. Materielles, das nicht unmittelbar wahrgenommen, „sondern nur auf Grund metaphysischer Voraussetzung hypothetisch angenommen wird. Solche metaphysischen Annahmen sind hier also offenbar bloße Lückenbüßer einer mangelhaften oder völlig fehlenden psychologischen Beobachtung"[3] Ausführlich und recht überzeugend gelingt ihm der Nachweis, daß sich Aufmerksamkeit und Apperzeption dem Willensvorgang unterordnen lassen. Durch scharfe psychologische Analyse und Synthese gelangt er allmählich dahin, die Bedeutung des Wollens für das gesamte Seelenleben ins rechte Licht zu stellen. Das Wollen wird für ihn zur Grundtatsache, „in der alle Vorgänge wurzeln"[3]. Dadurch, daß sich das Selbstbewußtsein von dem übrigen Bewußtseinsinhalt sondert, kommen wir zur Gegenüberstellung von Subjekt und Objekt. „In engstem Sinn ist das Subjekt der in dem Ichgefühl zum Ausdruck kommende Zusammenhang der Willensvorgänge"[4].

---

[1] Grundriß der Psychologie, S. 234 f.
[2] „ „ „ S. 235
[3] „ „ „ S. 268
[4] „ „ „ S. .

Wundt geht darauf ein, daß schon Darwin in seinem „Kampf ums Dasein" einen Gedanken ausspricht, der imstande ist, ein allgemeines Prinzip zur Erklärung der objektiven Zweckmäßigkeit der organischen Natur abzugeben. Dieser Gedanke besagt, daß in den lebendigen Wesen Willenskräfte frei werden, die in den Verlauf der Naturerscheinungen Richtung weisend eingreifen. Durch ihre Rückwirkung werden auch die handelnden Wesen selber verändert. Dieser Gedanke bereitet dem alten Animismus ein Ende. Er kommt in seiner vollen Auswirkung auf eine neue Denkweise, auf die voluntaristische, die sich bei Wundt zu einer unbedingt aktualistischen erweitert, hinaus. Schon der Wettstreit um Nahrung und Fort= pflanzung, der von den organischen Trieben ausgeht, bezeugt bei niederen Lebewesen eine beachtenswerte Erscheinungsform des Willens= einflusses. Wir sahen schon vorhin die Ableitung der Reflexbewe= gungen aus einfachen Willenshandlungen. Auch die tierischen Instinkte sind augenscheinliche Beweise tiefgehender Veränderungen der bleibenden Organisation unter dem Einflusse bestimmter, gewohnheitsmäßiger Formen des Handelns. Der Entwicklungs= gedanke geht hierdurch eine bedeutsame Verbindung mit Wundts psychologischer Grundlegung des Voluntarismus ein. Im Lichte dieses Gedankens werden Organisation und Lebensweise zu Gliedern einer beständigen Wechselwirkung, „innerhalb deren die Rolle des primum movens den Willenstrieben zufällt, die, durch äußere Be= dingungen veranlaßt, ihrerseits dann Modifikationen der Lebens= weise hervorbringen"[1]). Die Vielgestaltigkeit der Triebe in der höher organisierten Tierwelt gibt den Willenshandlungen von individuellem Charakter größeren Spielraum. Wundt ist der Ansicht, daß die Bewegung in der niedersten Tierwelt nach ihren objektiven Merkmalen ganz dem Typus einfacher Willenshandlungen entspreche. Er hält sie für eindeutig, mit einer Vorstellung verbunden und vom Bewußtsein eigener Tätigkeit begleitet. Hier und dort findet er auch schon Spuren zusammengesetzterer Wahlakte. Bei allen höheren Formen geistigen Geschehens wird der Wille auch zum Träger des Zweckgedankens. Die erste Entstehung einer Willens= handlung ist also so zu denken, daß ein äußerer Eindruck und mit ihm zugleich die von ihm ausgelöste Bewegung apperzipiert wurde.

„Die für sich betrachtete eigene Tätigkeit, die wir als die Quelle unseres Tuns wie unseres Leidens ansehen, nennen wir

---

[1]) System der Philosophie, S. 323.

unſer Ich. Dieſes Ich, iſoliert gedacht von den Objekten, die
ſeine Tätigkeit hemmen, iſt unſer Wollen. Es gibt ſchlechterdings
nichts außer dem Menſchen, noch in ihm, was er voll und ganz
ſein eigen nennen könnte, ausgenommen ſeinen Willen"[1]. Nur
dadurch, daß ſie Gegenſtände eines Wollens werden, wird die
Mannigfaltigkeit der Vorſtellungen zu einer Einheit verbunden.
Das Wollen iſt der einzige, ſtetig zuſammenhängende, in ſich gleich=
artige Beſtandteil unſeres Bewußtſeins. In immer wachſendem
Reichtum ſtellen ſich die Vorſtellungen dem Willen zur Verfügung.
Unſere unmittelbare Erfahrung befindet ſich alſo in ſtändiger Ent=
wicklung. Nur der Wille verbürgt ihre Einheit und Stetigkeit.
In die Willenselemente greifen auch immer beſtimmend Vorſtellungs=
elemente mit ein. Wenn wir die Willenstätigkeit von allem ſondern,
was zufällig in ſie hineingelangt, dann haben wir die reine Willens=
tätigkeit. Dieſe reine, von allem Inhalt unabhängig gedachte Willens=
tätigkeit nennt Wundt Apperzeption. „Dieſe reine Apperzeption
iſt natürlich nirgends in der Erfahrung wirklich anzutreffen. Gleich=
wohl iſt ſie als die letzte, nicht weiter zurück zu verfolgende Be=
dingung jeder Erfahrung anzuſehen"[2]. „Als Phänomen des Be=
wußtſeins betrachtet, beſteht nämlich die äußere Willenshandlung in
der Apperzeption einer Bewegungsvorſtellung"[3]. Je urſprünglicher
der Zuſtand des Bewußtſeins iſt, um ſo untrennbarer ſind die
Apperzeption der Bewegungsvorſtellung und die Ausführung der
Bewegung verbunden. Das beweiſen uns täglich Kinder und
Naturmenſchen. Sie ſind nicht imſtande, die lebhafte Vorſtellung
einer eigenen Bewegung zu vollziehen, ohne dieſe auch wirklich mit=
zumachen. Wir erkennen alſo, daß die Apperzeption in Wundts
Auffaſſung vollſtändig mit dem Willen identiſch iſt. Da es ein
Bewußtſein ohne Apperzeption nicht gibt, ſo iſt das Bewußtſein für
uns ohne Willenstätigkeit gar nicht denkbar. „Nach vollendeter
Bewußtſeinsentwicklung erſcheint der Wille als der eigenſte und in
Verbindung mit den von ihm ausgehenden Gefühlen und Strebungen
als der einzige Inhalt unſeres Selbſtbewußtſeins"[4]. Der Wille
iſt kein ruhendes Sein, ſondern immerwährende Tätigkeit.

Im Endpunkt des pſychologiſchen Regreſſus iſt auch bei Wundt

---

[1] Syſtem der Philoſophie, S. 377.
[2] „   „   „   S. 379.
[3] Grundzüge der phyſiologiſchen Pſychologie, Bd. II, S 470.
[4] „   „   „   „   „   Bd. II, S. 407.

der reine Wille kein Erfahrungsbegriff, sondern eine Vernunftidee. Er wird also zu einem transzendenten Seelenbegriff, den die em= pirische Psychologie als letzten Grund der Einheit geistiger Vor= gänge fordert, von dem sie aber für ihre besonderen Zwecke ab= sehen muß. Des weiteren weist Wundt nach, daß die Gottesidee nur durchführbar ist, wenn Gott als Weltwille, die Weltentwick= lung als Entfaltung des göttlichen Wollens und Wirkens gedacht wird. An diesem höchsten Weltwillen nehmen die Einzelwillen teil. Sie haben neben ihm eine, wenn auch beschränkte, so doch eigene selbständige Wirkungssphäre. Mit diesen Darlegungen schließt Wundt das Gesamtbild seiner Weltanschauung ab.

Der große Philosoph hat natürlich durch seine tiefsinnigen Forschungen fruchtbare Anregungen nach vielen Seiten gegeben Eine große Schülerschar sieht mit Stolz auf ihn. Unter den mo= dernen Psychologen, die sich Namen und Anerkennung erworben haben, ist kaum einer, der nicht in irgend einer Weise von ihm beeinflußt wurde. Da sein Wirken noch immer im Wachsen ist, ist es unmöglich, alle seine Anhänger in den Kreis unserer Betrachtung zu ziehen. Wir wollen nur einige von denen her= vorheben, die besonders nach der Seite des Voluntarismus sich bemerkbar gemacht haben. Da ist als erster Oswald Külpe zu nennen. Er hält unter allen Theorien, die über den Willen gebildet sind, die Wundtsche für die bedeutendste und richtigste. Nirgends sind die Abweichungen in der modernen Psychologie größer als bei der Lehre vom Willen. Külpe hält den Willen für diejenige Funktion der Seele, die sich mit allen andern verbinden kann, welche aber mit keiner verbunden zu sein braucht. Sie ist qualitativ stets gleichartig, nur der Intensität nach verschieden. Die Aktivität der Seele ist nicht eine unbewußte, sondern eine bewußte; da sie aber bewußt ist, muß sie auch irgend einen Be= wußtseinsvorgang zum Träger haben. „Einen solchen hat man gewöhnlich im Willen gefunden, und man hat recht daran getan. In meinem Bewußtsein erlebe ich Aktivität, und dieses Erlebnis nenne ich Wollen"[1]. Auch er faßt das Wollen, sofern es jenen eigen= tümlichen Bewußtseinsvorgang bedeutet, als Apperzeption auf, wenn er sagt: „Um nun den zunächst aus einer Analyse der Vorstellungen gewonnenen Begriff des elementaren Willens von dem komplizierten

[1] Die Lehre vom Willen, S. 212.

Phänomen gleichen Namens ausdrücklich zu sondern, wird für jenen der alte Begriff der Apperzeption in Anwendung gebracht"[1]). Die gesamte innere Tätigkeit führt er auf den alten Begriff des Strebens zurück, und er sieht in ihm einen von innen heraus kommenden Drang, eine Spannung, eine Betätigung unserer Persönlichkeit. „Wir behaupten, daß alles, was sich als innere Tätigkeit im Triebe, in der Sehnsucht beobachten läßt, auf ein bestimmtes Phänomen reduzierbar ist, das wir als Streben vielleicht am unbefangensten und zutreffendsten bezeichnen können"[2]). Külpe räumt dem Willen seiner psychologischen Natur nach die Stellung ein, die er verdient. „Die eigentümliche Energie, die wir dem Willen zuschreiben, und vermöge deren er die beherrschende Macht in unserem Dasein bildet, fließt, wie wir glauben, aus keiner anderen Quelle als aus der Apperzeption"[3]).

Bastian Schmidt führt Gedanken aus, die ebenfalls auf dem Boden Wundtscher Lehre stehen. Er lehnt einen metaphysischen Willen ab. Nur dann erkennt er den Willen als Erklärungsprinzip zweckmäßiger Wirkungen an, wenn er empirisch nachweisbar ist. Schon den einfachst organisierten Organismen glaubt er ein aufdämmerndes Bewußtsein nicht versagen zu dürfen. Unter ihren psychischen Funktionen tritt aber bereits der Wille derart in den Vordergrund, „daß sowohl die Bewegung der pulsierenden Vakuolen als auch jene der Wimperhaare als Willensakte anzusehen sind"[4]). Das Fliehen vor Licht, das Aufsuchen des Schattens, das gewisse einzellige Algen erkennen lassen, die Bewegungen der Amöbe und noch andere ähnliche Erscheinungen führt Schmidt auf einen Willen zurück, der den gesamten Organismus beherrscht. Er hält eine physikalische oder chemische Erklärung dieser Vorgänge für ausgeschlossen. Nach und nach stellt sich dann eine Arbeitsteilung bei den Lebewesen ein. Es entstehen gewisse Zentren für Ernährung, Herztätigkeit und Atmung. Eine Folge der Mechanisierung physischer und psychischer Funktionen ist es, wenn jene Tätigkeiten unwillkürlich vor sich gehen. Dadurch, daß der Wille auf diese Weise sich entlastet, erhält er Gelegenheit zu höherer Tätigkeit geistiger Art. In dem zweckmäßigen Aufbau der organischen Wesen spielen

---

[1]) Die Lehre vom Willen, S. 430.
[2]) Grundriß der Psychologie, S. 274.
[3])   S. 466.
[4]) Der Wille in der Natur, S. 308.

also empirische Willenshandlungen eine bedeutsame Rolle. Im Laufe der Jahrtausende hat sich der Wille die gesamte Natur dienstbar gemacht. Er ist zu einer geistigen Macht geworden, die ihre Erfolge bleibend zu gestalten weiß.

Von ausländischen Psychologen kommen zunächst zwei in Betracht: Bain und Ribot. Beide haben sich durch ihre Untersuchungen einen bedeutenden Ruf auch über die Grenzen ihrer Heimat erworben. Nach Bains Auffassung bedeutet das Wollen alle Aktivität, soweit sie durch Gefühle geleitet wird. Das Charakteristikum der willkürlichen Tätigkeit ist ihm Spontaneität. Er läßt nur Vorstellungen dem Willen voraufgehen. Darum wird sein Willensbegriff zu eng. Ribot ist durch experimentelle Forschungen zu ähnlichen Ergebnissen gekommen. Er sieht aber in den Willenshandlungen nur Wahlhandlungen. Als etwas tatsächlich Gegebenes existiert nur der Willensakt, d. h. eine Wahl, auf welche Handlungen folgen[1]. Die Willensvorgänge werden dadurch für ihn zu Urteilen bejahender oder verneinender Art. Auch dieser Willensbegriff erscheint der psychologischen Forschung nicht weit genug.

Nach Wundts bahnbrechenden Werken entstand eine lebhafte Diskussion über die Definition und methodische Begründung der Psychologie, in der das Willensproblem jederzeit im Zentrum stand. Wundt hatte die Psychologie als die Wissenschaft von der unmittelbaren Erfahrung definiert. In dieser Sphäre des subjektiven Erlebens fand er neben den übrigen auch die Willensphänomene, die er im Gegensatz zu Herbart in ungeschmälerter Realität hinnahm. Die Analyse dieses Wollens aber bereitete der Psychologie erhebliche Schwierigkeiten, besonders derjenigen, die auf möglichst weite Durchführung der psycho=physischen Beiordnung bedacht war. Dazu gesellte sich die Einsicht, daß auch die Psychologie ihr Objekt nicht unverändert läßt, sondern schon dadurch, daß sie es zum Objekt macht, in bestimmter Weise umgestaltet. Man betonte nunmehr lebhaft die Veränderungen, die an den psychischen Phänomenen unter dem Einflusse des Beobachtungswillens und der Aufmerksamkeit vorgehen, ja man behauptete, daß Selbstbesinnung überhaupt unmöglich sei, weil die Reflexion auf das Selbst das eigentliche Selbst zerstöre. So entstand, auch unter dem Einfluß des Positivismus, der Gedanke einer objektivierenden Psychologie, die ähnlich

---

[1] Die Krankheiten des Willens, S. 126.

wie die positive Naturwissenschaft ihren Gegenstand nach bestimmten
Kategorien umdenkt. Die Hauptvertreter dieser Ansicht sind gegen=
wärtig Münsterberg und Lipps.

Münsterberg ist bestrebt, Fichtes ethischen Idealismus mit
dem Positivismus zu versöhnen. Idealismus und Positivismus
sollen sich geradezu als Ergänzung fordern. Dem entsprechend
scheidet er das unmittelbare Erleben von der wissenschaftlich
objektivierenden Bearbeitung. „Psychologie und Physik sind erst
dann möglich, wenn das wirkliche Erlebnis verlassen und ein
Abstraktionsprodukt gewonnen ist"[1]). Das wirkliche Erlebnis also
ist gar nicht Gegenstand der Psychologie, sondern das ihm substituierte
Abstraktionsprodukt. Demgemäß nennt er Physik und Psychologie
objektivierende Wissenschaften, während das unmittelbare Erleben
in den Bereich der subjektivierenden Wissenschaften fällt. „Psychologie
und Naturwissenschaften objektivieren, die Geisteswissenschaften da=
gegen, sowohl die geschichtlichen wie die normativen, subjektivieren,
und alle ihre Verschiedenheiten beruhen auf diesem Verhalten"[2]).
Das wirkliche Leben geht für Münsterberg auf in Wertungen,
Selbststellungen, Subjektakten, kurz in einem ethischen Voluntaris=
mus, der im ganzen wie in einzelnen Zügen durchaus an Fichte
erinnert. Wollende Subjekte, die wir aus ethischen, nicht aus
logischen Gründen anerkennen müssen, machen die Realität dieser
unmittelbar erlebten Welt aus. Der Wille ist ihm ein herrschender
Faktor im Geistesleben. So sieht er z. B. die Geschichte als die
Lehre von den Abhängigkeiten und Beziehungen des individuellen
Wollens an. „Ihre Welt ist die der Subjektakte, die Welt des
Willens; nur wo es Willen gibt, gibt es Geschichte"[3]). Der
Wille oder die Seele als das Gesamtsystem individueller Wollungen
steht jenseits der Kausalität. „Der Wille in der erlebten Wirklich=
keit ist weder seine eigene Ursache, noch seine eigene Wirkung,
sondern eine Realität, deren Inhalt nach Angabe ihres Sinnes
erschöpft ist"[4]). Die Gesamtheit der mannigfaltigen Wollungen
bildet den Inhalt des menschlichen Ichs. Er weist überall auf
fremde Wollungen hin, die entweder anerkannt oder bestritten
werden. Ebenso kommt auf ästhetischem Gebiete dem Wollen eine

---

[1]) Grundzüge der Psychologie, Bd I, S. 56.
[2])   „   „   „   Bd I, S. 35.
[3])   „   „   „   Bd I, S 115.
[4])   „   „   „   Bd. I, S. 396.

hervorragende Bedeutung zu. „Alle Schönheit gehört der Welt des Willens zu und kommt niemals den vom Willen losgelösten physikalischen und psychologischen Objekten zu"[1]). Münsterberg sieht alle Realität des Seins in dem Willen und in den Werten. In seiner Auffassung der Psychologie dagegen wird das Subjekt zum einflußlosen passiven Zuschauer. „Eine Auffassung der Erlebnisse, bei der von der Beziehung der Objekte zum aktuellen Subjekt abstrahiert wird, läßt sich als objektivierend bezeichnen"[2]). Deshalb nennt er die Psychologie eine objektivierende Wissenschaft. Aber er lehnt es ab, die Kategorien des objektiven Denkens auf die Werte der Willenswelt anzuwenden. Ebenso entschieden spricht er dagegen, die Kategorien der Willenswelt auf die vom Willen los= gelösten physischen und psychischen Objekte zu übertragen. Er bestreitet nicht denen das Recht, die das Wort „Streben" als die allgemeinste Bezeichnung unseres Begriffs bevorzugen und im Wollen nur einen Spezialfall des Strebens erkennen. Den Begriff Wollen sieht er als den umfassendsten für alle Arten der Stellung= nahme des Subjekts an. „Der Wille umfaßt für uns somit auch in der beschreibenden Psychologie alles Bevorzugen und Ablehnen, Bejahen und Verneinen, Lieben und Hassen, kurz alle Phänomene der Selbstellung ... Die Haupttypen der Willenstätigkeit sind in der Aufmerksamkeit, dem Urteil, dem Schluß, dem Gefühl, dem Affekt, dem Trieb und der Willkürhandlung gegeben, und überall kehren die charakterisierten Faktoren wieder"[3]). Die Seele gilt für ihn als ein einheitliches System individueller Wollungen. Wir können die Wollungen, wenn wir die Überzeugung haben, daß unser gesamtes Sein ein Ausfluß unseres Willens ist, doch nicht als dasjenige Willensgefüge aussprechen, das in ewiger Beharrung als metaphysisch abschließender Zusammenhang gelten könnte. Münsterberg sieht in dieser, aus dem tiefsten Innern sich empor= ringenden Unbefriedigtheit selber Wille. Unsere metaphysische Persönlichkeit ist ein Wollen. „Was menschliches Wollen will, ist somit nur ein Teil eines absoluten Wollens, für dessen Ver= wirklichung unser scheinbar vergebliches Wollen notwendig ist. Erst wenn so unser Leben metaphysisch umgedacht ist, gliedert es sich in ein System, dessen Willensbeharrung als letzte Wirklichkeit

---

[1]) Grundzüge der Psychologie, Bd. I, S. 147.
[2])   „   „   „   Bd I, S. 160.
[3])   „   „   „   Bd. I, S. 351, 356.

gewollt werden kann"[1]). So stellt sich also Münsterberg ganz und
gar als ethischer, ja als metaphysischer Voluntarist dar.

Aber jener oben angeführten Zweiteilung entsprechend, kommt
auch der Wille noch in einer anderen Auffassung bei Münsterberg
vor. In seiner positiven Psychologie ist der aktuelle Wille objek=
tiviert und sieht nun ganz anders aus. Vor allem ist es das
Interesse dieser objektivierenden Psychologie, die psychischen Phänomene
durchgängig den entsprechenden physischen zuzuordnen. Vermittelst
dieser Theorie des psychophysischen Parallelismus wird nun die
physiologische Psychologie bis in die letzten Verzweigungen durch=
geführt, ein Versuch, der vielleicht heute noch nicht viel mehr ist
als ein großartiges methodisches Postulat. „Die Psychologie würde
sich jedenfalls ihrem Ziele nähern, wenn sie imstande wäre, die
psychophysiologische Betrachtungsweise auf die Gesamtheit der psychischen
Verbindungen auszudehnen"[2]). Wie bei Herbart wird nun aber
die Vorstellung als psychisches Element proklamiert; denn sie erweist
sich besonders geeignet, die psychophysische Zuordnung zu bewirken.
Daraus folgt nun: „Vorstellungen, welche durch Beziehungen zum
Körper bestimmt und so an den einen Körper gebunden sind, ver=
treten nur in der seienden physisch=psychischen Welt die Persönlich=
keiten der geltenden Welt"[3]). Diese Theorie wird nun auch auf
die Willensvorgänge übertragen Dann kommt der wirklich aktive
Wille in der Sphäre der Objekte nicht mehr vor. Damit verliert,
wie Münsterberg sagt, der Gegensatz von intellektualistischer und
voluntaristischer Psychologie für die objektivierende Psychologie seinen
Sinn. Wir sehen also bei diesem Forscher einen diametralen Gegen=
satz zwischen den Forderungen der Methode und dem Lebensgefühl,
dessen Haltbarkeit und Durchführbarkeit wir hier nicht diskutieren
wollen. Jedenfalls ist Münsterberg als Metaphysiker und Ethiker
ausgesprochener Voluntarist; aber er scheidet hiervon das reine
Wahrheitsinteresse, die von allen Werten abstrahierende positive
Wissenschaft und will nur der letzteren den Namen einer Psychologie
einräumen.

Th. Lipps räumt dem Willensphänomen eine recht große Bedeutung
im Zusammenhang der objektivierten Psyche, die er sich als ein
reales, substantielles Wesen, denkt ein. Im beherrschenden Mittel=

[1], Grundzüge der Psychologie, Bd. I, S. 399.
[2])   „   „   „   Bd I, S. 28.
[3]   „   „   „   Bd. I, S. 95.

punkt seiner psychologischen Forschungen stehen die Begriffe: „Forderungen der Gegenstände" und Streben. Das Erlebnis einer Forderung gebiert das Streben, der Forderung zu entsprechen. „Jedes „Tendieren" ist die psychologische Kehrseite einer Forderung" [1]). Die Forderungen der Gegenstände und das Streben nach Erfüllung zielen von einem Bewußtseinserlebnis auf ein anderes. Mithin bezeichnet das Streben „die subjektivierte", d. h. den im Individuum gegebenen Bedingungen unterliegende natürliche Tendenz des Fort= ganges eines psychischen Geschehens zu seinem natürlichen Ziel oder Erfolg, wofern derselbe Hemmungen unterliegt oder solche zu überwinden hat" [2]).

Jedes Streben schließt ein Widerstreben in sich; letzteres bezieht sich auf Beseitigung der Hemmnisse. Daher spricht man auch von einem positiven und negativen Streben. Ein anderer Gegensatz im Charakter des Strebens ist der Gegensatz der Aktivität und Passivität. „Das aktive Streben ist dasjenige, das ich speziell als „mein" Streben bezeichne. Das passive Streben nenne ich ein Streben „in" mir oder „gegen" mich" [3]). Letzteres tritt mit der Kraft der Nötigung und des Zwanges auf, ersteres hat das freie Wollen, die ursprüngliche Absicht für sich [4]). Wenn das Streben fortschreitet, sich dem Ziele nähert, die hemmenden Faktoren beseitigt werden, dann entsteht das Bewußtsein „des Wirkens", der „Tätigkeit" oder „Arbeit".

Lipps unterscheidet Apperzeptions=, assoziatives und Wirklichkeits= Streben. Der Forderung der Aufmerksamkeit, die in den Gegen= ständen selber liegt, entspricht das Apperzeptionsstreben. Das Denken erfordert ein gleichmäßig tätiges Fortschreiten von Gegenstand zu Gegenstand unter Berücksichtigung der Übereinstimmung und Ver= wandtschaft. Dem kommt das assoziative Streben entgegen. Jedes Streben, das auf Wirklichkeit des Erstrebten hinzielt, ist ein Wirk= lichkeitsstreben. Über den bloßen Denkakt stellt er eine höhere Stufe, die Denktätigkeit, d. h. das Nachdenken, die „apperzeptive Tätigkeit" [5]). Erst damit beginnt das Urteilen. Alles Urteilen nun besteht in dem Anerkennen oder Verweigern der „Forderungen der Gegenstände". Eine Art dieser sieht Lipps in den eigentlichen

---

[1]) Leitfaden der Psychologie, S. 226.
[2])   „   „   „   S. 229.
[3])   „   „   „   S. 232.
[4]) Vergl. S. 1.
[5]) Psychologische Untersuchungen, Bd. I, 1, S. 23. ff.

Willensforderungen. Solche Forderungen nennt er auch praktische. Zu ihnen gehört besonders die sittliche Forderung oder die Forderung der Pflicht. „Jede Forderung wird, indem sie erlebt wird, zum Streben"[1]. Das Streben ist die psychologische Seite des Erlebnisses. Die unbedingten Forderungen des Lebens fallen schließlich in eine einzige Forderung zusammen, nämlich, daß ich den Weltwillen voll in mir erlebe, d. h. in mich aufnehme und zu meinem eigenen Willen mache. „Der Verstand weist über sich selbst hinaus zum vollen Erleben"[2]. Eine Tätigkeit ohne bewußtes Ziel nennt er reine „Triebtätigkeit". Jede Tätigkeit wird als eine mehr oder minder willkürliche erlebt. Wenn das Ich die gültigen Forderungen der Gegenstände hört und beachtet, so wird es allmählich ein über-individuelles Ich. Von ihm aus schließt Lipps auf ein allen Einzelwesen zu Grunde liegendes und ihnen transzendentes Ich, ein Welt=Ich. Das letztere setzt sich den Weltzweck; „solche Zweck= setzung wäre gleich bedeutend mit „Wille". Der unbedingte Zweck wäre also gesetzt in den Willen eines solchen transzendenten Ich"[3].

Das Streben, das auf Verwirklichung gerichtet ist, wird zur Zwecktätigkeit. Lipps nennt sie „innere Willenshandlung"[4]. Eine besondere Art dieser ist das Erkenntnisstreben, das nach Lösung irgend eines Zweifels oder Widerspruchs verlangt. Die aus dem Wollen hervorgehende bewußte körperliche Tätigkeit ist die „äußere Willenshandlung"[5].

Zu jeder Handlung gehört notwendig ein Wollen, das uns ein beglückendes Kraftbewußtsein verleiht. Der Grund des sittlichen Wollens liegt in der guten Gesinnung. „Das sittliche Wollen zielt darauf ab, daß das Gute oder die sittliche Persönlichkeit beglückt sich auslebe"[6]. Lipps räumt dem Wollen eine beherrschende Stellung im Seelenleben ein. Der Wille wird ihm zur Persönlichkeit, zum Ich. „Der Wille ist meine sich betätigende Persönlichkeit. Das Wollen ist das innere Abzielen meiner selbst oder meiner Persön= lichkeit auf irgend einen Erfolg. Es ist das innere Gerichtetsein meines Wesens oder der Betätigung desselben auf irgend ein Ziel"[7]. Und an anderer Stelle sagt er: „Der Wille, . . . das bin

---

[1] Psychologische Untersuchungen, Bd. I, S. 108.
[2] „   „   Bd. I, S 123.
[3] „   „   Bd. I, S. 206.
[4] Leitfaden der Psychologie, S 269.
[5] „   „   S. 275.
[6] Die ethischen Grundfragen, S. 89.
[7] „   „   „   S. 274.

ich selbst, sofern ich innerlich tätig und dabei auf ein Endziel meiner Tätigkeit gerichtet bin. Freiheit des Willens ist Freiheit meiner selbst, der inneren Persönlichkeit"[1]).

Weil Lipps dem Willen einen so großen Einfluß auf die Bewußtseinstatsachen einräumt, weil er selbst den Anfang aller apperzeptiven Tätigkeit als Trieb anspricht, gehört er in die Reihe der psychologischen Voluntaristen. Seine starke Beeinflussung durch Fichte erklärt die ethische Färbung seines Voluntarismus.

Es bleibt uns noch übrig, einige bedeutende Vertreter volun= taristischer Ideen zu berücksichtigen, die gemäß ihrer hohen Begabung eigene Wege gingen und zum Teil Werke von bleibender Bedeutung geschaffen haben. Die Reihe eröffne der vielumstrittene Friedrich Nietzsche. Anfangs ein begeisterter Verehrer, später ein heftiger Gegner Schopenhauers, hat dieser geniale Denker dennoch in seinem ganzen Leben den voluntaristischen Grundzug seines Wesens und seiner Lehre bewahrt. Auch für Nietzsche ist die Welt Wille und Vorstellung; auch für ihn wird der unersättliche und stets unbefriedigte Wille zur Quelle alles Leidens. Aber er bereichert und modifiziert den Schopenhauerschen Voluntarismus. Er wandelt in einer späteren Periode den blinden, erlösungsbedürftigen Willen zu einem lebensfrohen, frischen um. Jetzt klingt durch seine Werke der volle Akkord: „Wille zur Macht!" Leben wird für ihn zur Macht, und dieser Wille zur Macht liegt als Grundtrieb in allen Wesen verborgen. In dieser Idee erblickt er eine Verbesserung der Gedanken Darwins. Und nun wird für ihn das Leben zu einem Kampf der verschiedenen Willenszentren. In ihm sieht er das Prinzip der Entwicklung aller Kultur. Im Kampf um die Macht steigern sich die Kräfte, und die Kräftigsten siegen. Nach seiner Meinung will die Natur den Sieg des Stärkeren; sie vervollkommnet die Arten durch den Untergang der schwächeren. „Wille, so heißt der Befreier und Freudebringer: ... Nicht zurück kann der Wille wollen ... Höheres als alle Versöhnung muß der Wille wollen, welcher der Wille zur Macht ist"[2]). Nietzsche behält die Schopenhauersche Willenslehre im wesentlichen bei, bricht ihr aber die pessimistische Spitze ab. Er offenbart sich als ein prinzipieller, entschiedener Optimist. Deshalb verlangt er mutigen Glauben an das Leben, energischen

---

[1]) Die ethischen Grundfragen, S. 275.
[2]) Zarathustra, S. 206, ff.

Willen zum Leben. Er verwirft alles Asketische und verlangt mutige Gewöhnung an die Schmerzen um des Lebens willen. Die Natur hat uns, so lehrt er, zu Kämpfern und zu Schaffenden bestimmt. Auch er sieht in der Überwucherung des Intellekts über den Willen den Grund des Niedergangs der Menschheit. Wo der Intellekt sich über den Willen erhebt, da wird der Wille geschwächt, die Energie gelähmt. So fordert er den Lebens= energismus, aufs höchste gespannt. Die größte Gegnerschaft, die das Leben zu bieten vermag, soll dem Kraftvollen gerade recht sein. Der freie Wille gehorcht sich selber. „Ach, daß Ihr alles halbe Wollen von Euch abtätet und entschlossen würdet zur Trägheit wie zur Tat!... Ja, ein Unverwundbares, Unbegrabbares ist an mir, ein Felsensprengendes, d. h. mein Wille. Schweigsam schreitet es und unverändert durch die Jahre... Wo ich Lebendiges fand, da fand ich Willen zur Macht... Mein Wille zur Macht wandelt auch auf den Füßen deines Willens zur Wahrheit"[1]). In seinem Ideal des Philosophen fordert er Stärke des Willens, Härte und Fähigkeit zu langen Entschließungen. Nietzsches Moral ist Willens= moral. Der Moral der Gleichheit, die er haßt und „Sklavenmoral" nennt, stellt er eine Moral der Ungleichheit gegenüber. Diese „Herrenmoral" wendet sich mit ihrer höheren Pflicht und Verant= wortlichkeit nicht an die „Vielzuvielen", sondern an wenige Auserwählte. Weil Nietzsche die Forderungen des Lebens immer höher hinaufsetzte und den Blick in fernste Weiten schweifen ließ, geriet er zuletzt über die Grenzen der Menschheit hinaus. Aber die Tragik seines Lebens wird von der hochgemuten Stärke seines Willens überstrahlt. Insofern Nietzsche den Kern aller Dinge und das Wesen des Menschen im Willen zur Macht sieht, ist er durch und durch Voluntarist.

Eduard von Hartmann ist als ein selbständiger Vertreter des Pessimismus eigene voluntaristische Wege gegangen. Sein erstes großes Werk „die Philosophie des Unbewußten" hat seinem Namen das Zeichen aufgeprägt. Er will eine Synthese von Schelling und Schopenhauer darstellen. Nach induktiver Methode baut von Hartmann seine Philosophie auf. Der Grund alles Seins ist für ihn ein absoluter Geist, der im Anfang der Welt in süßer Ruhe lag. In ihm sind Wille und Vorstellung völlig unbewußt verborgen. „Im

---

[1]) Zarathustra, S. 163, ff.

Unbewußten ist Wille und Vorstellung in untrennbarer Einheit verbunden; es kann nichts gewollt werden, was nicht vorgestellt wird, und nichts vorgestellt werden, was nicht gewollt wird"[1]). Wir wissen nicht, warum der absolute Geist die beharrende Ruhe mit der Tätigkeit vertauschte. Plötzlich entschied sich der Wille in ihm zum aktuellen Wollen. Nun war's vorbei mit dem Frieden des Nichtseins. Aus sich heraus würde der Wille allerdings noch nicht zu einem Schöpfungsakt gekommen sein; denn seiner eigensten Natur nach ist er vollständig leer. Aber die unbewußte Idee oder Vorstellung mit ihrem Überreichtum an Inhalt ergriff das leere Wollen und wollte an ihm Gestalt gewinnen. So wurde das Weltall geschaffen. Weil der Wille seiner Natur nach durchaus unlogisch ist, nennt von Hartmann diesen Weltprozeß einen dummen Streich des Willens. Aber dem unlogischen Willen steht ja unterstützend die logische Vernunft zur Seite. Sie bemüht sich, jene Tat des Willens wieder gut zu machen. Das ist aber nur möglich, wenn der Wille selbst zur Einsicht seiner Unvernunft kommt. Dann erst regt sich in ihm die Sehnsucht, in die Welt des Nichtseins zu gelangen. Auf dieses letzte Ziel richtet sich der gesamte Weltprozeß. In Rücksicht auf ihn ist alles völlig zweckentsprechend eingerichtet. Aus diesem Grunde nennt von Hartmann diese Welt die beste aller möglichen Welten. Als Urgrund der Welt denkt sich der Philosoph unendlich kleine Urteilchen der Materie, die er Kraftpunkte nennt. Ihre Kraft aber ist lebendiges Streben, unbewußte Willenstätigkeit als Ausfluß des absoluten Weltgeistes. Wir erkennen im gesamten Umkreis der Natur äußerste Zweckmäßigkeit; in dieser Richtung liegt auch die Schaffung eines Bewußtseins. Jedes Bewußtsein kommt nur dadurch zustande, daß dem unbewußten Willen eine Vorstellung von außen aufgezwungen wird. Der Sitz des Willens und Bewußtseins im tierischen Organismus ist nicht nur das Gehirn, sondern auch das Rückenmark und die Ganglien. „Hiermit hat sich die gewöhnliche beschränkte Bedeutung von Wille aufgehoben, denn ich muß jetzt auch noch anderen Willen in mir anerkennen, als solchen, welcher durch mein Gehirn hindurchgegangen und dadurch mir bewußt geworden ist. Nachdem diese Schranke der Bedeutung gefallen, können wir nicht umhin, den Willen nunmehr als immanente Ursache jeder Bewegung in Tieren zu fassen . . .

---

[1]) Philosophie des Unbewußten, Bd. II, S. 10.

Man sieht nunmehr, daß es etwas für den Willen Zufälliges ist,
ob er durch das Hirnbewußtsein durchgeht oder nicht"[1]. Alles
Wollen im Dasein der organischen Wesen hat nur Unlust zur Folge.
Darum zieht durch das All ein starker Hauch von Sehnsucht nach
Erlösung. Die Erlösung geschieht nicht durch Gott, sondern der
Mensch erlöst die Gottheit, nicht zu einer Seligkeit im Himmel,
sondern zur Rückkehr in das Nirwana. Zur gewissen Erreichung
dieses Zieles muß der Wille zum Leben bejaht werden.

Zu den Voluntaristen ist auch der Philosoph Ferdinand
Tönnies[2] zu rechnen. Das Werk, wodurch er sich in dieser
Reihe einen Namen errungen hat, heißt „Gemeinschaft und Gesell=
schaft". Hier erkennen wir ihn als einen Willenspsychologen.
Er bekennt sich zu der Ansicht, daß ein bestimmter Wille, ein
Wesenwille, die Urtatsache alles seelischen Lebens sei. Aller Gemein=
schaft liegt dieser Wesenwille zu Grunde. Seine Äußerungen sind
in dem Gefallen, in den Gewohnheiten, im Gedächtnis zu erkennen.
Mit den Ausdrücken Gemeinschaft und Gesellschaft bezeichnet Tönnies
zwei typische Schemata der menschlichen Gesellschaft. Die Einheit
des Lebens und Willens ist der Charakter der Gemeinschaft. Aus
ihm entspringen Hauswirtschaft, Ackerbau und Kunst, in denen sich
der Wille als Eintracht, Sitte und Religion offenbart. Das
Eigentümliche der Gesellschaft besteht in der willkürlichen Vereinigung
der Einzelwesen. Aus ihr gehen Handel, Industrie und Wissen=
schaft hervor. In ihr betätigt sich der Wille durch die freie,
gesetzgeberische Tätigkeit des Staates. Die individuellen Willens=
formen und die sozialen Lebensformen gestalten sich zu Formen
des Rechts. Das geschichtliche Leben konstruiert er als eine
Bewegung von einem Ausgangspunkt, an welchem ein Maximum
von Gemeinschaft, bis zu einem Endpunkt, in dem ein Maximum
von Gesellschaft das gesamte Leben bestimmt. Tönnies lehnt sich
an die Willens=Metaphysik Schopenhauers an. Der unbewußte,
noch gattungsmäßige Wille, der sich vom Urwillen, dem Wesenwillen,
noch wenig entfernt hat, lebt in der Gemeinschaft, während der
Wille in der Gesellschaft bereits durch die Fülle der Vorstellungen
gereift, sich seiner selbst bewußt und selbstsüchtig geworden ist.
Im Verlaufe der unaufhaltsamen geschichtlichen Entwicklung wird

---

[1] Philosophie des Unbewußten, Bd. I, S. 59. f
[2] Vergl. oben S. 5.

die Gesellschaft die bisher noch vorhandenen Reste der Gemein=
schaft zerstören.

Wir schließen die Reihe der Philosophen, die dem großen
Gedanken des Voluntarismus im 19. Jahrhundert zur Macht
verhalfen, mit Friedrich Paulsen. Er sieht in dem Grundge=
danken, daß die Körperwelt Erscheinung eines Innenlebens sei,
das sich uns im Selbstbewußtsein vor allem und zuerst als Wille
darstelle, eine bleibende Wahrheit. Durchaus möglich erscheint es
ihm, den Voluntarismus vom Pessimismus zu lösen. Der Ansicht
Schopenhauers, daß die Vorstellungswelt vom Willen Antrieb und
Richtung erhalte, tritt er bei. „Der Wille beherrscht die Wahr=
nehmung, indem er die Aufmerksamkeit bestimmt, unter den Reizen,
die unterschiedslos die Sinne treffen und Empfindungen erregen,
die Auswahl zu treffen. Der Wille beherrscht das Gedächtnis.
Wir vergessen, was uns nichts angeht, wir behalten, was für den
Willen dauernd von Wichtigkeit ist"[1]. Wenn der Satz: „Wille
ist das Wesen aller Dinge" erfahrungsmäßig aufgefaßt wird, dann
erkennt Paulsen auch im Willen die Grund= und Urfunktion des
Seelenlebens an, die im organischen Lebensprozeß ihre physische
Darstellung hat. „Ich bin der Überzeugung, man kann das Seelen=
leben nur verstehen, wenn man von der Willensseite als der ur=
sprünglichen ausgeht und die Intelligenz als sekundär ansieht.
Jeder Versuch, von der Vorstellung aus den Willen zu erklären,
scheitert. Ich glaube, es wird die Zeit kommen, wo die Geschichts=
schreibung der Psychologie mit Schopenhauer eine neue Epoche
wird beginnen lassen. Und es scheint mir nicht zweifelhaft, daß
wir diesem Zeitpunkt erheblich näher gerückt sind, seitdem ich vor
16 Jahren diese Voraussicht aussprach: Die voluntaristische Auf=
fassung des Seelenlebens ist in rascher Ausbreitung begriffen, die
alte intellektualistische Ansicht, die in Deutschland lange durch das
Ansehen Herbarts geschützt wurde, ist überall im Zurückweichen.
Die Darwinsche Philosophie ist ihm eine kräftige Bundesgenossin
geworden. Indem sie den Menschen entwicklungsgeschichtlich in
die Reihe der Lebewesen stellt, drängt sie dahin, auch das höchst
entwickelte Seelenleben aus niederen, untermenschlichen Anfängen
genetisch herzuleiten, und da wird denn kein Zweifel sein können,
daß, je tiefer wir in der Reihe hinabsteigen, umsomehr die In=

---

[1] Einleitung in die Philosophie. S. 124.

telligenz schwindet und die Willensseite, mit dumpfem Streben und entsprechenden Gemeingefühlen das ganze Seelenleben ausmacht"[1]). Da der Zusammenhang der organischen mit der unorganischen Natur ein recht enger ist, so ist man berechtigt, auch alle Äuße= rungen des Lebens dort und der Gestaltung hier als auf gleiche Ursachen zurückgehend anzunehmen. „Ist es Wille, was in den Tieren in die Erscheinung tritt, so ist es auch Wille, was in den untertierischen Bildungen und Bewegungen sich manifestiert"[2]). Allmählich wächst in der aufsteigenden Reihe des tierischen Lebens dem Willen die Intelligenz als Werkzeug an. Zwar ist es un= möglich, konkret anzuschauen, was in der Pflanze und im Tier bei der Lebensbetätigung als Wille erscheint. Damit soll auch nur das unserem inneren Empfinden ähnliche ausgesprochen werden. Wenn wir das geheimnisvolle Wesen, das sich in allem Sein offenbart, mit Wille bezeichnen, so soll damit weniger ein anschaulich vorge= stellter Inhalt, als vielmehr die Richtung, in der wir ihn suchen, angegeben werden. „Mit Schopenhauer werden wir sagen: In unserem eigenen Innenleben liegt der Schlüssel zum Verständnis der Dinge überhaupt; ist unser Wesen Wille, so ist das Wesen der Dinge überhaupt Wille. Ist unser Wesen mit dem Wesen aller Dinge gesetzt in dem Einen, so ist das Wesen des All=Einen als Wille zu fassen. Freilich werden wir nun gleich hinzufügen, so wenig das Wesen der Dinge, so wenig ist das Wesen des All=Einen durch menschliche Begriffe erschöpfbar, weder der Form, noch dem Inhalt nach. Der Glaube, nicht das Wissen, faßt es und stellt es dar in Bildern"[3]). Paulsen ist der Ansicht, daß die Entscheidung über die Natur des höchsten Gutes keine Verstandessache, sondern Willenssache sei. Was uns zu höheren Werten treibt, ist auch wieder der Wille. „Wille im engeren Sinne oder vernünftiger Wille ist der durch Zweckgedanken, Grundsätze und Ideale bestimmte Wille. Er entsteht als höchste Entwicklungsform des Willens im Menschen mit der Entwicklung der Intelligenz zum vernünftigen, selbstbewußten Denken. Im praktischen Lebensideal wird der Wille sich selber gegenständlich"[4]). Das letzte Ziel des Wollens ist die „Wohlfahrt des Handelnden und seiner Umgebung"[5]). Das erreicht

---

[1]) Schopenhauer, Hamlet und Mephistopheles, S. 75 f.
[2])   „   „   „   „   S. 77.
[3])   „   „   „   „   S. 78.
[4]) System der Ethik, Bd. I, S. 216.
[5])   „   „   „   Bd. I, S. 240.

er durch die Ausübung der Lebensfunktionen, auf die seine Natur hinweist. Der Mensch „will ein menschliches Leben mit dem vollen Inhalt eines solchen, d. h. ein geistig= geschichtliches Leben leben, in dem für die Betätigung aller menschlich geistigen Kräfte und Tüchtigkeiten Raum ist"[1]). Aus alledem bemerken wir bei Paulsen einen ethisch gearteten, metaphysischen Voluntarismus, der bemüht bleibt, eine besondere Ausprägung und einen eigenen Inhalt zu gewinnen.

---

[1]) System der Ethik, Bd. I, S. 263.

IV. Kritische Bemerkungen.

Im Verlauf der geschichtlichen Betrachtung haben wir, von einigen Abarten unwesentlicher Art abgesehen, drei Richtungen des Voluntarismus erkannt. Sie alle kommen darin überein, daß der empirisch gegebene Wille eine grundlegende Bedeutung im menschlichen Leben beanspruchen kann. Es ist nicht zu übersehen, daß der metaphysisch erweiterte Willensbegriff in der Geschichte der Philosophie einen erheblichen Raum einnimmt. In der Tat war es eine kühne Idee, als man dazu kam, die gesamte Fülle innerer und äußerer Erscheinungen im Weltall in dem dunkel sich empor-ringenden Willensdrang zusammenzufassen. Aber es ist doch eine zu große Verallgemeinerung des Willensbegriffs. Von seinem wirklichen Erfahrungsinhalt bleibt fast gar nichts übrig. Wenn man den Willen überall finden soll, kann unmöglich das noch in ihm liegen, was wir beim Menschen Wille nennen. Nimmermehr dürfen wir bei Schopenhauers Willen an das, was in der Sprache des gewöhnlichen Lebens „Wille" heißt, denken. Die Attribute seines Willens „blind" und „dumm" tragen einen Widerspruch in sich, denn jedes Wollen ist ein Etwas-Wollen. Der Gegenstand des Wollens muß in der Vorstellung ergriffen werden. Ja, der metaphysische Wille ist nicht nur vernunft-, sondern auch bewußtlos. Schopenhauer glaubt, mit dem Willen sei auch ohne weiteres seine intelligenzlose, blinde Natur gegeben. Das ist ein großer Irrtum. Trotz allem Forschen ist im empirischen Willen als solchem nichts zu entdecken, was auf das Kennzeichen des Unvernünftigen hinwiese. Die Erfahrung lehrt dagegen, daß sich das Wollen, sowohl mit Vernunft als auch mit Unvernunft verbinden können. Nur die Erfahrung kann darüber entscheiden, ob und wie weit der Wille als Grund des Daseins vernünftig oder unvernünftig zu nennen ist. Ist die Welt in ihrer, in der Erfahrung gegebenen Beschaffen-heit aus einem unvernünftigen Willen erklärbar? Wohin wir auch immer unsere Blicke wenden, finden wir Gesetzmäßigkeit, Ordnung, Kausalität. Wenn es ferner außer diesem Willen nichts gibt und er in dieser Welt alles bedeutet, ist es dann nicht eine Ungeheuerlichkeit, daß überhaupt Vernunft in der Welt existiert? Wie geht es zu, daß diesem „blinden Willen", wie Schopenhauer ihn lehrt, schließlich doch die Augen geöffnet werden? Versucht man, die Gedanken des großen Philosophen ein wenig weiter zu denken, dann muß man sich diese Welt als ein Reich des Zufalls, als einen Abgrund haltlosester Willkür vorstellen. Auch Schopenhauer hat diese Unmöglichkeit eingesehen. Ganz unauffällig läßt er seinen Willen sich so benehmen, als ob er logisch vernünftig wäre, als ob auch Gesetz und Ordnung zu seinem Wesen gehörten. Denn alles, was er über die Objektivierung des Willens und über die Ideen sagt, beweist diese Schwenkung.

Am metaphysischen Willen ist außer der Intelligenzlosigkeit noch das Streben nach Einheit besonders beachtenswert. Durch Schopenhauers Philosophie rauscht der alte philosophische Einheits= akkord „ἕν καὶ πᾶν". Der Wille wird über alle Formen der Erscheinungswelt, über Raum und Zeit, über alle Mannigfaltigkeiten hinausgerückt. Dadurch wird er übertrieben einheitsbedürftig. Und er stellt eine unterschiedslose, gleichförmige, in sich beharrende, leere Einheit dar. Die Gesamtheit alles Seins fällt in diesen Willen. Die Fülle der Erscheinungen aber ist nur Traum. Wo in aller Welt jedoch ist dann die Kraft zu suchen, welche die Natur in so wunderbarer, reizvoller Mannigfaltigkeit der Formen erstehen ließ? Auch Schopenhauer quälte die Lösung dieser Frage, und schnell pflanzte er seinem leeren Einheitswillen den Drang zur Vervielfältigung ein.

Es ist ferner nicht richtig, daß Schopenhauer die Willens= qualitäten (Eigenschaften des Charakters) mit den Zuständen des Willens vermischt, daß er also Furcht, Haß und Liebe nicht von Neid, Hartherzigkeit und Ungerechtigkeit sondert. Ebenso erweist sich die Behauptung, daß unser Wille und unser Körper ein und dasselbe sei bei näherer Betrachtung als unhaltbar. Denn die Verstümmelung unseres Körpers oder seiner Teile bringt keine Einbuße in der Kraft des Willens zuwege. Schopenhauer fordert ferner Unmögliches, wenn wir glauben sollen, daß die Objekti= vationen des einen Willens ohne Ausdehnung und Bewegung sind. Die Natur zeigt dagegen überall individuelle, sich entwickelnde Kräfte voller Bewegung. Nur im Selbstbewußtsein enthüllt sich die Kraft als selbstbewußter Wille. Allein metaphysisch können diese Einzelwillen zu einem unteilbaren, verborgenen, transzendenten

Willen vereinigt werden. Der metaphysische Wille Schopenhauers hat zu seiner Grundlage die Kantsche Lehre vom Ding an sich. Sie ist so sehr Voraussetzung seines Denkens geworden, daß er versäumt hat, den für seine Auffassung eigentümlichen und ebenso sonderbaren Satz, die Vorstellungen zerfallen in Subjekt und Objekt, genügend zu erläutern. Der Wille als Ding an sich kann unmöglich der Erkenntnis unterworfen sein. Ist er aber erkennbar, so kann er wiederum nicht das Ding an sich sein. Denn was im Verstande erscheint, ist auch in die Formen des Vorstellens übergegangen. Auch diesen Widerspruch möchte Schopenhauer zurücktreten lassen; deshalb läßt er in der Weiterführung seiner Gedanken den Charakter als Ding an sich beim Willen möglichst verschwinden. Er rückt den Willen in die nächste Beziehung zur Welt der Erscheinungen. Ganz unvermittelt lehrt er sodann, daß der Wille nur das in der Erscheinungshülle befindliche Ding an sich sei. Damit kommen wir aber aus dem Kreis nicht heraus, das wirkliche Wesen des Willens bleibt uns unklar.

Wir haben erkannt, daß wir mit dem metaphysischen Willens= begriff nicht vorwärts kommen. Die Probleme häufen sich vielmehr, anstatt zu verschwinden. Der große Unterschied zwischen den Willensregungen, die bestimmt und aktiv sind, und dem Willens= vermögen, das ruhend und unbestimmt ist, ist diesen Philosophen verloren gegangen. Dennoch hat Schopenhauer durch seine Betonung des irrationalen Elements im Seelenleben gegenüber der rationali= stischen Psychologie einen großen Fortschritt getan. In ihm vereinigt sich der Baconsche Empirismus mit dem Kantschen Apri= orismus. Die scharfe Sonderung von Wille und Intellekt ist nicht nur das Eigentümliche, sondern auch das dauernde Verdienst der metaphysischen Willensphilosophie. Diese scharfe Trennung ist nur Schopenhauer eigen. Fichtes metaphysischer Willensbegriff ist ein anderer als der Schopenhauers. Fichte hat den Willen konsequenter als Schopenhauer herausgestellt Er hat ihn von allem, auch vom Gefühl, losgelöst. Schopenhauers Wille suchte die Ruhe, fand sie aber nicht. Ruhe ist mit dem Willen Fichtes gar nicht vereinbar. Sein Wille erstrebt nur Handeln, Tätigsein. Dies handelnde, produzierende Wollen ist für Fichte das erste Prinzip, der Urtrieb der Welt, somit eine sittliche Macht. Der Wille Fichtes ist wirklich eine Abstraktion aus den einzelnen Willensakten.

Der metaphysische Voluntarismus kann den Erfahrungsbeweis dafür, daß der Wille das Primäre, der Intellekt das Sekundäre sei, nicht erbringen. Beständig findet eine Verwechselung des individuellen menschlichen Willens mit dem Weltwillen statt. Bei strenger Prüfung erkennen wir in dieser voluntaristischen Richtung mehr Dichtung als Wissenschaft. Es wird die strenge Denkarbeit des Verstandes gar zu gering angeschlagen. Zwar suchten die Vertreter des metaphysisch erweiterten Willensbegriffs nach ontologischer Methode den Tatsachen die nötige Erklärung zu schaffen. Es war aber nur ein täuschender Schein. In Wirklichkeit entfernte man sich in dem Maße von den konkreten Tatsachen, als man ihnen näher zu kommen glaubte. Sie hüllten in ein mystisches Dunkel, was die unmittelbare Helligkeit des Bewußtseins an sich hatte. Wenn z. B. der Psychologe J. H. Fichte eine vorbewußte Vernunft im Instinkt annimmt, um den Willen als das Vermögen hinzustellen, sich aus sich selbst zu bestimmen, so verschließt er sich damit aller Erfahrung. Denn das Bewußtsein ist nicht nur eine Eigenschaft des Geistes. In ihm werden uns die Tatsachen gegeben. E. v. Hartmann hat den großen Fehler seines Lehrers, den Intellekt aus dem Willen zu bannen, verbessert. Er hat dem Willen die Vorstellung zur Seite gegeben, und es ist für ihn die Wirklichkeit Wille und Vorstellung zugleich. Aber auch E. v. Hartmann verwickelt sich bei der Ausgestaltung seines Willensbegriffs in viele Widersprüche, so daß wir auch seinen Versuch, die Welt als Erscheinung einer unbewußten Macht zu betrachten, als mißlungen bezeichnen müssen.

Da wir im metaphysischen Voluntarismus nicht den rechten Ankergrund für die hohe Bedeutung des Voluntarismus finden können, so wollen wir ihn auf der psychologischen Seite suchen. Bisweilen wird der letztere mit dem metaphysischen verwechselt. Der psychologische Voluntarismus erblickt im Trieb den gemeinsamen Ausgangspunkt des Wollens und Vorstellens. Die seelischen Funktionen bilden sowohl in ihren Elementen, als auch in den höheren Vorgängen eine Einheit. Aber in den entwickelteren Seelenvorgängen wird der Wille beim psychologischen Voluntarismus zum maßgebenden Faktor. Die Annahme eines abstrakten Willens oder Vorstellens ist nicht erforderlich. Gerade in der ausgesprochenen Einheit der seelischen Funktionen liegt das Geheimnis für das rechte Verständnis dieses Voluntarismus. Von ihm wird der Wille nicht als ein abstraktes Objekt von konstanter Qualität, sondern nur als konstante Tätigkeit angesehen. Er kennt nur ein= zelnes konkretes Wollen. In diesem kehren Gefühle von überein= stimmendem Charakter wieder. Nur aus der empirisch gegebenen Stetigkeit des Verlaufs der Willensentschließung folgert der psy= chologische Voluntarismus, daß dem Wollen die Bedeutung einer Einheitsfunktion zukomme, aber nur dem Wollen in seiner Ver= bindung mit der Gesamtheit der psychischen Funktionen. Auf diese Weise gelingt es ihm, die Bedeutung des Bewußtseins ins rechte Licht zu rücken. Das Bewußtsein ist der unmittelbar erlebte Zusammenhang der psychischen Vorgänge. Unter ihnen geben die Willensvorgänge die Richtung an. Sie haben einen beherrschenden Einfluß.

Dadurch, daß der psychologische Voluntarismus die Vorstellung zu ihrem Recht kommen läßt, verliert er den einseitigen Charakter des metaphysischen. Es gibt ein Vorstellen nur bei den Einzel= wesen. Das wirkliche Sein wird zum Inhalt der Vorstellung erst infolge der Wechselbestimmung der Willenseinheiten. Dennoch ist das Vorstellen ebenso wirklich wie das Wollen. Lotze, von Hartmann und Wundt suchen eine Synthese zwischen dem Monismus[1]) und Pluralismus herzustellen. Sie bleiben bemüht, einen Standpunkt zu gewinnen, der den einheitlichen Zusammenhang alles einzelnen begreiflich macht, ohne jedoch den Individuen ihre Selbständigkeit zu nehmen. Für sie wird in der recht verstandenen Willenstätig= keit die Synthese gegeben sein. Alles reale Wollen setzt eine Wechselwirkung mit einem fremden Wollen voraus. Es ist unmög= lich, sich die Willenseinheiten aus diesen Beziehungen losgelöst zu denken. „Denn das Wesen der Willenseinheiten besteht ganz und gar in ihrer Wechselbestimmung, indem ohne die letztere jene aufhören würden, tätig zu sein und damit überhaupt aufhören würden zu sein"[2]).

Wundt hat viel vom Geiste Schopenhauers in sich aufgenom= men; aber eine Tendenz, die Schopenhauer, dem Zeitgenossen der Romantik, noch völlig fremd war, hat ihn von Anfang an beherrscht: die Schätzung der positiven Wissenschaft. Es ist der Inhalt seiner Lebensarbeit, daß er nach den Vorarbeiten von Lotze und Fechner zum ersten Male die Psychologie in umfassendster Weise als Ein= zelwissenschaft behandelte. Er löste sie los aus der Verbindung

---

[1]) Nicht in Haeckelschem Sinne.
[2]) Wundt, System der Philosophie, S. 410.

mit der Metaphysik und Ethik, in die sie bisher verstrickt war. Darum schied er zwischen positiv=psychologischen und metaphysischen Aufstellungen. Niemals aber hat er ein Hehl daraus gemacht, daß er sich sowohl in Psychologie als auch in Metaphysik von Schopenhauer abhängig fühle. Ebenso entschieden hat er jedoch betont, daß seine psychologische Analyse des Willens, daß seine psychologische Willenstheorie nicht mit dem metaphysischen Allwillen Schopenhauers gleich zu setzen sei[1]).

Edmund König hat mit Recht einen metaphysischen und einen psychologischen Voluntarismus bei Wundt unterschieden. Er hat aber den letzteren noch nach zwei Richtungen hin gespalten, und man wird ihm auch darin folgen können, wenn er zwischen metho=dologischem und eigentlich psychologischem Voluntarismus unter=scheidet, sodaß wir nunmehr drei Arten des Voluntarismus bei Wundt haben.

Was König als methodologischen Voluntarismus bezeichnet, steht mit Schopenhauer in keinem Zusammenhange, sondern liegt mehr in der durch Fichte, Herbart und — ihren Vermittler — Fortlage bezeichneten Linie. Fichte hatte die Substantialität der Seele im Anschluß an Kants Paralogismen bestritten und sie als reines Tun bestimmt; Herbart löste die in der Vermögenslehre liegende Hypostasierung der einzelnen Seelenakte auf. Auch Wundt verwirft sowohl die Seelensubstanz wie die Vermögenslehre. Es gibt nach ihm nur einzelne Seelenakte, und ein jeder ist nach dem Vorbilde des Triebaktes aufzufassen. Mit dieser Lehre wird das ruhende Seelenwesen durch eine reine Aktualität ersetzt. Aber es bleibt nicht bei diesem methodischen Primat des Willens, sondern Wundt hält durchaus die Willensseite für das Primäre im Zu=sammenhange der Psyche. Diese Auffassung empfängt wesentliche Stützen durch die Resultate der modernen Biologie.

Es könnte in dem Umstande, daß bewußte Willenshandlungen aus ursprünglich mechanisch ablaufenden Reflextätigkeiten hervor=gehen, daß ferner diese wieder in ursprüngliche Willenstätigkeiten umgedeutet werden, dem psychologischen Voluntarismus der Vor=wurf gemacht werden, als vergeistige er das Mechanische, bezw. mechanisiere das Geistige. Doch dem ist nicht so. Die Vorgänge werden uns völlig klar, wenn wir überlegen, daß es sich hier nur

---

[1]) Wundt, Philosophische Studien, XII, S. 62.

um die Aufnahme niederer Formen geistigen Geschehens in höhere, desgleichen um ein Zurücktreten der höheren in niedere handle. Wenn alle jene Bestandteile des Lebens, die erfahrungsgemäß nur als physische Hilfsmittel dem Organismus beigesellt sind, als niedere Bewußtseinseinheiten aufgefaßt werden, wenn also der ganze Elementarorganismus als „Träger eines einzigen Bewußt= seins niederster Form"[1]) angesehen wird, dann bedient sich der psychologische Voluntarismus doch nur einer Hilfshypothese als Er= klärung. Trotzdem sehen wir in dieser Methode diejenige, die uns in der Auffassung des Voluntarismus weiter bringt. Durchweg empirisch geleitet, schreitet der psychologische Voluntarismus vom Gegebenen vorsichtig fort und geht auf experimenteller Grundlage bis an die z. B. gegebenen Grenzen des Erkennens.

Beim Rückblick auf diese Art des Voluntarismus müssen wir aussprechen, daß er sich ganz wesentlich vom metaphysischen unter= scheidet. Er sondert sich von ihm nach folgenden drei Richtungen: 1) Er nimmt nicht den universalen Weltwillen zur Grundlage, sondern eine Mehrheit von Willenseinheiten; 2) das Vorstellen ist ihm keine bedeutungslose Nebenerscheinung, die von der Willens= funktion erst erzeugt wird, sondern ein wesentlicher Inhalt jeder Willensäußerung; 3) er rechnet ausschließlich mit gegebenen Tat= sachen der Erfahrung. So ist der psychologische Voluntarismus geeignet, über die Gegenwart hinaus maßgebend für die Erklärung seelischer Vorgänge, ja, des geistigen Geschehens überhaupt, zu werden. Er erweist sich auch als geschickt, unter den verschiedenen voluntaristischen Anschauungen zu vermitteln und einem kräftigen, sieghaften Voluntarismus der Zukunft die Wege zu ebnen. Denn nur mit seiner Hilfe kann an eine konsequente Entwicklung der voluntaristischen Weltauffassung gedacht werden.

Beim Übergang zu einer kritischen Besprechung des ethischen Voluntarismus wollen wir zunächst bekennen, daß er sich in Wahrheit sowohl aus dem metaphysischen, als auch aus dem psychologischen entwickeln läßt. Ja, wir können ihn in gewissem Sinn als eine höhere Verbindung beider ansehen. Es ist ein großer Irrtum Schopenhauers, wenn er den Willen, der sich in der Welt ver= wirklicht, das absolut Unsittliche nennt. Im Willen als solchem liegt kein Grund zu dieser Annahme, insonderheit auch nicht die

---

[1]) Wundt, System der Philosophie, S. 606.

Urſache alles Elends, mit dem das geſamte Daſein nach Schopen=
hauers Meinung notwendig behaftet iſt. Es ſchließt jede Moral
völlig aus, wenn der Wille zum Träger der Weltſchuld und des
Weltleids geſtempelt wird. Das Vorhandenſein der Moral hat
aber auch Schopenhauer nicht leugnen können; denn er ſagt: „Ich
habe gezeigt und bewieſen, daß die in der Natur treibende und wirkende
Kraft identiſch iſt mit dem Willen in uns. Dadurch tritt nun die
moraliſche Weltordnung in unmittelbaren Zuſammenhang mit der
das Phänomen der Welt hervorbringenden Kraft, und die Welt,
obgleich aus eigener Kraft beſtehend, enthält durchweg eine moraliſche
Tendenz"[1]). Eine Begründung der Moral kann nur vom Willen
aus erfolgen. Schopenhauers willenspſychologiſche Lehre bleibt
dunkel. Von ihr erhalten wir kein Licht für das Verſtändnis der
Sittlichkeit. Fichte dagegen erkennt den Willen als das ſittliche
Prinzip vollſtändig an und ſpricht aus: „Um nur alles in einem
zu ſagen: nur durch die gründliche Verbeſſerung meines Willens
geht ein neues Licht über mein Daſein und meine Beſtimmung
mir auf. Ohne ſie iſt, ſoviel ich auch nachdenke, und mit ſo vor=
züglichen Geiſtesgaben ich auch ausgeſtattet ſein mag, eitel Finſternis
in mir und um mich. Nur die Verbeſſerung des Herzens führt
zu wahrer Weisheit"[2]). Das Moment der Sittlichkeit liegt von
Anfang an ſowohl im Fichteſchen als auch im Kantſchen Willen
eingeſchloſſen. Während bei Schopenhauer die Welterklärung da
aufhört, wo die Sittlichkeit anfängt, beginnt auf der ethiſchen Seite
hier erſt die rechte Welterklärung. Der ſittliche Wille iſt vom
Intellekt nicht zu trennen. Er kommt alſo dem pſychologiſchen
Voluntarismus durchaus nahe. Andererſeits aber finden wir auch
bei Schopenhauer an ſeinen metaphyſiſchen Willensbegriff ethiſche
Gedanken geknüpft. Der ſittliche Wille braucht außer ihm liegende
Objekte, an die er ſich mittels des Intellekts anklammern kann.
Erſt durch jene Objekte erhält er das rechte Leben. Eduard von
Hartmann ſingt in ſcharfem Gegenſatz zu Schopenhauer das hohe
Lied des ſittlichen Lebens. Das Wollen durchläuft verſchiedene
Stufen wie das Erkennen. Es kann niederer und höherer, natür=
licher und geiſtiger Art ſein. Nur wenn das höhere geiſtige Wollen
das wollende Weſen ganz ausfüllt, bringt es ethiſche Leiſtungen zu=
wege. Damit muß aber noch etwas in die Perſönlichkeit hinein=

---

[1]) Schopenhauer, Sämtliche Werke, Bd II, S. 696.
[2]) Fichte, Beſtimmung des Menſchen, S. 282.

getragen werden, das nicht ausschließlich im Wollen selbst gegeben ist. Das ist das innere Bewußtsein einer höheren geistigen Welt. Mit seiner Hilfe vermag der ethische Voluntarismus am Aufbau einer besseren Wirklichkeit zu helfen. Denn aus diesem inneren Gesamtgefühl strömen lebendige Kräfte, die sich von innen her zu einem Ganzen zusammenschließen und dem Dasein einen neuen Inhalt geben. Das vermag der psychologische Voluntarismus allein nicht. Aber der recht verstandene ethische Voluntarismus kann das gesamte Geistesleben mit neuen Zielen zu reinerer Höhe führen. Er bedient sich aller gegebenen physischen Kräfte, nicht zum mindesten auch des Intellekts, als Mittel, um auf den Wegen freier Selbstbe= stimmung zum sittlichen Ideal zu gelangen. Während der psycho= logische Voluntarismus im Wollen die beherrschende Funktion aller seelischen Vorgänge sieht, faßt der ethische Voluntarismus den Willen als eine geistige Macht auf, die mit unwiderstehlicher innerer Gewalt die gesamte Persönlichkeit ergreifen und ändern kann. Ist der empirische Wille bewußte Tätigkeit, von Vorstellungen als seinen Motiven getragen, dann bedarf er nur des rechten Inhalts, um die Richtung auf sein hohes Ziel von selbst zu wählen. Letzten Grundes nämlich ist die Tugend nichts anderes als sittliche Tätigkeit.

V. Bedeutung des Voluntarismus für die Gegenwart.

Mit diesem Gedanken treten wir schon in die Erörterung der Frage ein, welche Bedeutung dem Voluntarismus in der Gegenwart beigelegt werden kann. Nach unserer Anschauung entwickelt sich das gesamte Leben jedes Menschen von innen heraus. Die Ereignisse der Außenwelt dienen nur als Beweggründe für die Betätigung der Persönlichkeit. Aus diesem Grunde müssen wir dem Voluntarismus im ganzen, den metaphysischen nicht ausgenommen, eine hervorragende Bedeutung für das eigentliche Geistesleben der Gegenwart zusprechen. Denn Schopenhauers Philosophie war nicht nur eine wissenschaftliche Angelegenheit. Nein, sie stellt auch heute noch eine Geistesmacht dar, deren Wirkungen nicht aufgehört haben. Auch für unsere Gegenwart bedeutet sie eine zum Nachsinnen anregende Gedankenverbindung voll Lebensstimmung und innerem Gefühl. Wie weit ihre Wellen treibend, bestimmend, in gutem oder bösem Sinne, gewirkt haben, ist noch für lange Zeit nicht völlig übersehbar. Schopenhauers Beseelung der Welt, die nirgends starre, tote Natur sieht, klingt in Fechners Lehren und in der naturwissenschaftlichen Forschung unserer Tage nach. Die Biologie schafft uns heut Einblicke in die gewaltige Schöpfung, die uns zwingen, innere, persönliche Stellung zu ihr zu nehmen. Die Wirklichkeit wird uns zu einer gewaltigen Lebenssymphonie, zu einem Wogen und Werden seelischer Kräfte. Es gibt in der Tat kein Mittel, durch das uns das lebendige, das stetige Gestalten so eindringlich zum Bewußtsein gebracht wird, wie durch die Äußerungen der Willenskraft. Wenn wir selbst uns unserer Wirklichkeit in besonders zwingender und greifbarer Weise bewußt werden, dann geschieht es durch unseren tätigen Willen. In unserem Streben, Begehren, in unserem Haß und unserer Liebe, in unseren Hoffnungen und Wünschen, in unseren Entschließungen und unserem Tatendrang erfassen wir den innersten Kern unserer gesamten Persönlichkeit. So trägt uns der Voluntarismus mitten hinein in die Fluten des Lebens, stellt unserem Willen schwierige Probleme, gibt unserem Tatendrang stärkste Widerstände und erzeugt in uns ein Kraftgefühl und ein jugendliches Ungestüm, das uns zur Überwindung auch der schwersten Pflichten fähig macht.

Der Wille des einzelnen ist aber in eine Willensgemeinschaft eingeschlossen, die mit ihm in beständiger Wechselwirkung steht. Das Individuum ist zunächst Mitglied eines Stammes, einer Familie, einer Berufsgemeinschaft, schließlich einer Nation. In dem Staat nimmt der Einzelwille teil an einer bestimmenden, gesetzmäßigen Willensgemeinschaft des Kulturvolkes. Daneben aber umgibt ihn die gesellschaftliche, soziale Schicht, der sich niemand völlig zu entziehen vermag. Bei dem zunehmenden Glücksbedürfnis der großen Menge hat jeder einzelne in seinen Willen die Absicht zu legen, an der Förderung des Wohlergehens der Gesamtheit, nach Maßgabe seiner Kräfte, mitzuwirken. Als schließliches Endziel aller Kulturgemeinschaft ist ein menschlicher Gesamtwille denkbar, der, über alle begrenzten Willenssphären hinausreichend, die gesamte Menschheit zur bewußten Vollbringung bestimmter Willenszwecke vereinigt. Es muß in uns die Überzeugung stark werden, daß in der Richtung auf dies ferne Ziel alle menschliche Entwicklung verläuft. So entsteht zuletzt das praktische Ideal, alle Menschen an den Errungenschaften der Kultur möglichst umfangreich teilnehmen zu lassen. Dies Ideal kann als das rechte Ideal wahrer Humanität bezeichnet werden. Wenn der Einzelwille es in sich mit Hilfe der Vorstellung aufnimmt, kann es der Verwirklichung näher geführt werden.

Der Voluntarismus erweist sich also in psychologischer und naturphilosophischer Hinsicht als eine fruchtbare Idee, die berufen ist, die biologische und geschichtliche Entwicklung, auch die für die erfahrungsmäßige Betrachtungsweise auseinander strebenden Gebiete der Natur- und Geisteswissenschaften zu einer einzigen Geistesentwicklung umzuwandeln. In beiden Gebieten handelt es sich um die Entfaltung höherer Willenseinheiten aus niederen. Niedere Willenseinheiten werden höheren dienstbar gemacht. Wie sich im menschlichen Gesamtleben „der persönliche Individualwille dienend einem Gesamtwillen einfügt, so beherrscht schon der niederste persönliche Wille ungezählte Willenselemente"[1]). Dieses Verhältnis der Einzelwillen zum Gesamtwillen wird durch eine Tätigkeit hervorgebracht, die als ein Erzeugnis des gemeinschaftlichen Lebens für die Entwicklung aller anderen Erzeugnisse des Gesamtgeistes unschätzbare Dienste leistet, die Sprache. Einst hat sie der Wille

---

[1]) Wundt, System der Philosophie, S. 427.

ins Leben gerufen. Und heute erzeugt sie durch Vermittlung gleicher Vorstellungen ein gemeinsames Wollen.

Das Gefühl freier innerer Tätigkeit ist das Wesen des empirischen Willens. Mit solchem Gefühl greifen wir in unser Vorstellungsleben gestaltend, Wege weisend tief ein. Wir bestimmen den Gang unserer Gedanken, wählen und verbinden unsere Empfindungen und lenken unsere Aufmerksamkeit. Daraus folgt ohne weiteres, daß die Bildung des Willens eine hohe pädagogische Bedeutung besitzt. Es wird sich darum handeln, die große Kunst den Kindern zu übermitteln, ihre Neigungen durch den von ethischen Grundsätzen bestimmten, vernünftigen Willen zu lenken, ihre sinnlichen Triebe durch die Idee des Guten zu mildern und zu formen. Von Anfang an muß mit der intellektuellen Bildung die Gemütsbildung besonders gepflegt werden. Je früher wir beginnen, den Willen des Kindes zu stählen, ihn auf das Gute zum Besten aller zu lenken, seinen Vorstellungsinhalt reich und edel auszufüllen, um so gewisser wird der erwachsene Mensch seinem Leben die Richtung auf die Erreichung des oben angedeuteten Humanitätsideals geben und so dazu beitragen, dem hehren Ziel der Menschheitsentwicklung näher zu kommen. Aber nur durch Übung und Gewöhnung erfolgt eine zweckmäßige Bildung des Willens. Die Form, in der das Bildungswissen erworben wird, kann nur die der Selbsttätigkeit sein. Ein bloßes Sichbildenlassen entspricht nicht dem aktiven Charakter persönlicher Bildung. Die persönliche Lebenstätigkeit offenbart sich zunächst in der Wahl der Stoffe, an denen man sich bilden will. In der Überlegung, die jeder strenge Unterricht voraussetzt, lernt der Mensch das innere, angestrengte Tun der Seele, indem er genötigt wird, seine Apperzeption jedem Teile des Wissens so lange zuzuwenden, bis er zu voller Klarheit gelangt ist. Dem Verständnis folgt dann das Urteil über den Wahrheitswert, den ästhetischen, ethischen, religiösen und anderen Wert; nun erst findet die innere Aneignung zu bleibendem persönlichen Besitz statt. Es liegt im Wesen des Kindes, daß es mehr Tätigkeit und weniger Wissen fordert. Dieser Forderung wird aber unsere Unterrichtsweise bei weitem nicht gerecht. Noch immer herrscht in unserem gesamten Schulbetrieb der Intellektualismus, während die Erzielung eines kräftigen Willens, die Erziehung zum Handeln vernachlässigt bleibt. Aber nur dann wird die erworbene Bildung in sich selbst festgefügt und für das kommende Leben sicher gestellt sein, wenn

die starke Kraft eines gestählten Willens alle Teile verbindet.
Demnach ist die rechte Willensbildung das höchste und letzte Ziel
der Erziehung. Hier müssen sich körperliche und geistige Ausbildung
die Hand reichen. Denn schließlich muß sich jeder selbst die Tugend
durch stete Arbeit an sich selbst erringen. Der Weg zu ihr führt
nur durch die Selbstüberwindung. Diese bedeutet Kampf und Sieg.
Sie wird geübt werden, wenn Schule und Elternhaus die Anleitung
zum rechten Handeln in ihre Erziehungsarbeit aufgenommen haben.
Dazu gehört die starke Betonung der Erziehung zur Arbeit, zur
Selbsttätigkeit und Selbständigkeit. Der Zug zur Arbeit liegt
natürlich in jeder Seele. Er muß geweckt und gestärkt werden.
Viel Reden über sittliche Handlungen ist vom Übel. Wertvoll allein
ist stille Übung durch Vorbild und Beispiel. Solche Erziehung
schafft für die Werte des Lebens einen sicheren Maßstab und in
Fragen sittlicher Beurteilung ein zuverlässiges Gewissen. Des
Menschen Tun wird zum Handeln mit ausgesprochenem Persönlich-
keitswert. Wie not eine derartige Erziehung unserer Gegenwart
tut, lehrt ein Blick in die Rettungshäuser, Besserungsanstalten und
Gefängnisse, das offenbart jedem die wachsende Zahl der jugend-
lichen Verbrecher.

Der Mensch ist nicht bloß ein verständiges, er ist auch, und
wir sagen es mit Nachdruck, ein wollendes, fühlendes Wesen. Im
Willen und im Gefühl aber hat die Religion ihre tiefsten Wurzeln.
Es besteht ja das eigentliche Wesen des religiösen Glaubens in der
Zuversicht, daß sich die Sehnsucht und das Ziel des Seins in dem
darstellt, was in der stillen Tiefe der Seele als das Höchste verehrt
wird. Die religiöse Gewißheit stimmt überein mit der Überzeugung,
daß das Gute und Vollkommene, auf das sich das starke Streben
meines Willens richtet, der verborgene Grund aller Dinge ist.
Diese Zuversicht und Überzeugung haben ihre Wurzeln im Willen.
Der Wille wiederum wird um so fester, je geläuterter die religiöse
Vorstellungswelt des Menschen ist. Um so stärker wird der Wille
sie dann erfassen und im Leben festhalten. Mehr als je fehlt
unserer Gegenwart echtes religiöses Wollen. Das Sehnen danach
offenbart sich in den praktischen Betätigungen christlicher Liebe.
Sie sucht, die Leere des Herzens durch praktisches Tun zu verbergen.
Ist doch die gewaltig emporgeblühte Liebestätigkeit innerhalb der
christlichen Kirche an sich schon ein Zeichen eines kräftigen Wollens,
das aus dem ethischen Voluntarismus geflossen ist. Jenes sehnende

Verlangen kommt auch in den großartigen Veranstaltungen rettender, fürsorgender, helfender allgemeiner Menschenliebe anschaulich zum Ausbruck. So ruht im energischen Wollen der Quell guter Tat und der feste Punkt, von dem aus ein Reich persönlichen Lebens, eine neue sittliche Welt erstehen kann. Der religiöse und ethische Wille sammelt in sich eine gesteigerte Kraft, dem Leben Wert und dem Dasein reineren Inhalt zu leihen.

Ohne Zweifel ist das Bestreben der Religion unserer Tage, ihren Schwerpunkt in praktische Aufgaben und Forderungen zu legen, auf die gesegnete Wirkung des Voluntarismus zurückzuführen. Er hat noch eine andere, nicht minder bemerkenswerte Wirkung in der Gegenwart zuwege gebracht. Der spekulative Geist, das Grübeln über Weltprobleme, die Weltflucht der Gelehrten: all das ist zurück= gegangen. Wir gewahren allerwegen ein kräftiges Zugreifen und Mitarbeiten an der Lösung praktisch=sozialer Probleme. Und nicht zuletzt und nicht zum mindesten hat der Voluntarismus es bewirkt, daß die Psychologie sich zu einer selbständigen Wissenschaft empor= gerungen hat und gegenwärtig mit Erfolg bestrebt ist, die herrschende Macht der Triebe und Interessen auch über das Vorstellungsleben nachzuweisen. Helfend treten auf ihre Seite die Soziologie und die Nationalökonomie. Die staunenswerte Entwicklung der Technik und Naturwissenschaften beweist jedem unwiderlegbar, welch ge= waltigen Einfluß tatkräftige Willensregung des menschlichen Geistes auf die äußeren Lebensbedingungen, auf die sozialen Verhältnisse, auf das Denken und Fühlen der Völker und auf ihre gegenseitigen Beziehungen ausgeübt hat.

Auch das gebildete Publikum ist zu einer größeren Schätzung des Willens erwacht. Das erkennen wir deutlich an der allgemein sich kund gebenden Neigung, der Vorherrschaft des Verstandes möglichst alle Schäden der Gegenwart zuzuschreiben. Es wächst der Widerwille gegen einseitige Verstandesarbeit. Die Zahl derer, die vor einer Überhebung des menschlichen Wissens, vor einem Wissensdünkel warnen, nimmt zu. Es mehrt sich die Hoffnung, daß eine Befreiung vom Intellektualismus und eine stärkere Be= tonung des Voluntarismus uns eine Gesundung der inneren Lebensverhältnisse bringen werden.

VI. Abschließende Gedanken.

Eine Zeit wie die unsere, die keine Folgezeit, sondern eine
Anfangszeit ist, birgt in sich eine Summe von Problemen. Sie
fordern zur Lösung Geister, die selbsttätig prüfen, und zwar nicht
nur mit kaltem Verstand, sondern auch mit warmem Gemüt. Darum
verlangt unsere Zeit weniger Wissensfülle als Willenskraft. Der
Voluntarismus hat bereits den Kampf nach allen gegnerischen
Seiten aufgenommen. Mit zäher Kraft strebt er nach einer Neu=
gestaltung des Lebens und tieferer Ausbildung der Persönlichkeit.
Es geht durch unsere Zeit eine große Sehnsucht nach Persönlich=
keiten. Sie erklärt sich aus dem Mangel an persönlichem Wesen
in der voraufgegangenen Kulturperiode. Zu jener Zeit nahm der
Erwerb der äußeren Kulturgüter den Menschen so in Anspruch,
daß ihm für die Entwicklung und Pflege seiner Persönlichkeit keine
Zeit und Kraft blieb. Aus einem Herrn über die Güter der
Kultur wurde ihr Sklave. Die gewaltig vertiefte und ausgebreitete
Wissenschaft warf eine Fülle von Kenntnissen in die menschlichen
Köpfe, die aber nicht innerlich, nicht persönlich verarbeitet werden
konnte.

Das Bewußtsein davon, daß es etwas Großes um ein reich
ausgestaltetes Personenleben sei, ist in unserer Zeit lebendig. Was
aber der Mensch immer ist, wird er zwar mit Hilfe anderer, aber
letzten Endes doch durch seinen Willen. In der ausgereisten Per=
sönlichkeit kommt der Mensch zu seinem wahren Selbst. Wenn
nun die Mehrheit der Gebildeten sich auf diese Stufe zu erheben
vermag, dann muß es zur Entscheidung kommen, ob das, was als
Sehnen, Wollen und Verlangen hoffend die Jahrhunderte hindurch
nach Verwirklichung strebte, wirklich zur höheren Kulturstufe heran=
wächst. Das alte Problem, das seit den Anfängen des Christen=
tums die Denker tief und mächtig beschäftigte: ob sich aus dem
innersten Grunde unseres Seins ein neues, beständiges Leben
emporzuringen vermag, das berufen ist, den vielfältigen Verwick=
lungen des Daseins überlegen zu sein, die Irrungen, Wirrungen
und Kämpfe unserer Tage in eine reinere, ruhigere Klarheit auf=
zulösen: Dies alte Problem reist seiner Lösung nun entgegen.

Und wird es gelöst, dann muß die neue Kulturstufe imstande sein, die Unsicherheit, Zersplitterung und Verblendung, alle Utopien und Phantastereien zu überwinden. Wir glauben, daß eine solche Lösung durch eine rechte Verbindung des Voluntarismus mit dem Intellektualismus möglich sei. Die innere Menschennatur ist kein Kinematograph der Wirklichkeit; der Mensch hat nicht nur Wissenschaft, sondern auch Dichtung, Kunst und Religion hervorgebracht. In jedem einzelnen lebt als stilles Erbteil einer alten Kulturüberlieferung ein geheimnisvolles Etwas, in dem er über bloßes Wissen und Meinen hinausgeht. Dieser innere Ankergrund ist sein willensstarkes Lebensgefühl, das auch seine Zukunftshoffnung trägt. Selbst der schlichte Mensch legt einen Sinn in sein Leben und gibt ihm die Richtung auf etwas Neues, Zukünftiges, das noch nicht da ist, von dem er aber mit Zuversicht hofft, daß es kommen werde.

Diese innere lebendige, oft stille, aber nie ganz stumme Hoffnung bedeutet des Menschen Bestes. Sie ist die geheim wirkende Kraft des Willens, ohne die noch niemals etwas Großes vollbracht wurde. Wo je Fleiß und Kunst sich verbanden, war der Wille die leitende Macht. Die großen Maler, Bildhauer, Dichter, Sänger und Philosophen haben ihre unsterblichen Werke der Menschheit geschenkt aus nimmer müdem Wollen, das sich bewußt war, der Menschheit Kulturstufe zu erhöhen. Darin ruht das tiefste Geheimnis des persönlichen Lebens: die Seele auszufüllen mit Liebe zum Guten, mit ernstem Streben nach Erkenntnis der Wahrheit, mit sehnender Sorge um lichtvolle Zukunft und mit der Gewißheit, auch zu ihrer Herbeiführung etwas Rechtes gewirkt zu haben. Dann wird am Abend des Lebens der mahnende Wille beruhigt auf ein vollbrachtes Tagewerk zurückschauen: Das Ideal der Menschheit-Zukunft ist näher gekommen, und zu neuem Wollen reift ein neu Geschlecht!

Lebenslauf.

Am 27. Oktober 1870 ward ich zu Berlin als Sohn des evangelischen Schlächtermeisters und Eigentümers Gustav Knauer geboren. Ich besuchte die städtische Realschule zu Posen und das städtische Sophien=Gymnasium zu Berlin. Der plötzliche Tod meines Vaters unterbrach meinen Gymnasial=Unterricht bei der Versetzung nach Ober=Tertia. Ich trat in die Lehrerlaufbahn ein und bestand am hiesigen Königlichen Stadtschullehrer=Seminar 1892 die 1. Lehrerprüfung. Darauf legte ich hinter einander die 2. Lehrerprüfung, desgleichen für Lehrer an Mittelschulen, die Rektorats= prüfung, sowie die Prüfung zur Leitung höherer Mädchenschulen ab.

Im Jahre 1901 ward ich, nachdem ich 9 Jahre im Lehramt an städtischen Mädchenschulen gewirkt hatte, von der städtischen Schuldeputation zum Nachfolger in der Leitung der vormals Ströhmannschen höheren Mädchenschule zu St. Georg berufen. Seit dem Jahre 1901 bin ich verheiratet.

Bereits in den Jahren 1898 und 1899 hatte ich an der hiesigen Universität Philosophie studiert. Um aber einen erfolgreichen Abschluß meiner Studien zu ermöglichen, unterbrach ich sie und legte 1904 das Abiturienten=Examen am Sophien=Realgymnasium hier ab. Darauf setzte ich meine Studien fort.

Ich hörte folgende Vorlesungen: Geschichte der Philosophie, Logik und Erkenntnis=Theorie, Ethik, Psychologie, Pädagogik, Deutsche Literatur, Mittelhochdeutsch, Geschichte, Englische Literatur, Altenglisch bei den Herren Professoren: Brandl, Breysig, Dessoir, Harnack, Herrmann, Lasson, Lehmann, Meyer, Menzer, Münch, Dncken, Pfleiderer, Reinhold, Riehl, Roethe, Schmidt, Schumann, Simmel, Spieß, v. Wilamowitz=Moellendorf.

Allen meinen Lehrern schulde ich tiefen Dank für die Fülle geistiger Förderung und Anregung, die ich von ihnen erhalten habe.

Rudolf Knauer,
Berlin.